Le 7/12/2013   A Paris

Pour

ALex

Chez Constant
Recettes et produits du Sud-Ouest

Que le bonheur soit entre
la fourchette et le Couteau !...

Amicalement
Constant

Christian Constant

Chez Constant
Recettes et produits du Sud-Ouest

Photographies Jean-Daniel Sudres
Stylisme Manuella Chantepie

Depuis 2011, Christian Constant met le Sud-Ouest à l'honneur dans son restaurant le Bibent, situé sur la place du Capitole à Toulouse. Sous les dorures centenaires de ce monument classé, on déguste une cuisine de brasserie conviviale.

Au menu

Tomate du Marmandais

Truffe de Lalbenque

Ossau-iraty

Jambon Ibaïona

Ail blanc de Lomagne

Ail rose de Lautrec

Saumon de l'Adour

Huîtres du bassin d'Arcachon

Chez Constant
Les entrées

Velouté de petits pois du potager

Terrine de campagne de mon apprentissage

Salade de haricots verts, pêches, amandes et foie gras

Foie gras poêlé, chasselas et pain d'épices

Verrine de tomate façon bloody mary

Millefeuille de tomate, mousseline d'avocat à l'huile
de curry

Tarte à la tomate, mozzarella, basilic

Œufs mollets roulés à la mie de pain et à la truffe

Poireaux vinaigrette à la truffe et œufs mimosa

Pieds de cochon à la truffe et macaire de pommes de terre

Fine tarte aux cèpes et lamelles d'ossau-iraty

Crème de haricots maïs du Béarn, croustillants de pieds
de porc et copeaux d'ossau-iraty

Asperges blanches roulées au jambon de Bayonne
et gratinées à l'ossau-iraty

Tartine de Rocamadour, jambon de Bayonne et figues

Tourin à l'ail

Cassolette d'encornets à l'ail et gésiers confits

Blinis de pommes de terre au saumon fumé

Salade de betterave rouge et saumon fumé

Tartare d'huîtres, daurade et saumon au caviar d'Aquitaine

Velouté de petits pois
du potager

Préparation : 30 minutes
Cuisson : 20 minutes
Pour 6 personnes

1,5 kg de petits pois frais
200 g d'oignons blancs
3 gousses d'ail
2 carottes fanes
1 petit navet long coupé
en tronçons
ou 1 botte de navets
3 cuillères à soupe d'huile d'olive
Quelques feuilles de menthe
1 demi-litre de fond blanc de volaille
(préparé avec un fond déshydraté)
1 botte de ciboulette
1 pincée de fleur de sel
1 pincée de piment d'Espelette

Écossez les petits pois. Réservez-en la moitié pour la décoration.
Coupez les cosses de petits pois en petits morceaux.
Émincez les oignons et les gousses d'ail. Pelez les carottes
et le(s) navet(s).
Faites revenir à l'huile d'olive dans une cocotte les oignons et l'ail
émincés. Dès qu'ils sont dorés mais pas roussis, ajoutez les cosses
de petits pois, la moitié des petits pois frais crus, quelques feuilles
de menthe, le sel et le piment d'Espelette. Versez le fond blanc
dans la cocotte et laissez mijoter pendant 15 minutes.

Blanchissez (cuisez dans de l'eau bouillante salée pendant
1 à 2 minutes) les carottes et le(s) navet(s).
Taillez ensuite les extrémités des carottes et des navets
au taille-crayon de façon à former des mini-carottes
et des mini-navets. Creusez un petit trou à l'aide d'un cure-dent
sur le sommet des mini-carottes et plantez-y une fane.
Faites de même avec les mini-navets, mais plantez un bout
de ciboulette. Réservez-les.

Après 15 à 20 minutes de cuisson du potage, mixez-le à vitesse
maximale pendant 1 à 2 minutes, puis passez-le au chinois.
Rectifiez l'assaisonnement si nécessaire et mettez au froid ; il prendra
ainsi une belle couleur.
Blanchissez pendant quelques minutes à l'eau bouillante salée
les petits pois réservés.

Versez le potage dans une assiette creuse.
Plantez sur le potage les mini-carottes et les mini-navets, puis déposez
quelques petits pois en garniture.

Terrine de campagne
de mon apprentissage

Préparation : 30 minutes
Cuisson : 2 heures 30
Pour 6 personnes

500 g de foie de porc (haché)
1,5 kg de gorge de porc (hachée)
100 g de crépine
2 oignons
1 grosse gousse d'ail
1 demi-bouquet de persil
6 œufs
25 cl de crème fraîche épaisse
1 pincée de piment d'Espelette
1 feuille de laurier
1 branche de thym
2 cuillères à soupe de sel
2 cuillères à soupe de poivre

Ustensile :
Une terrine en terre ou en porcelaine,
d'une contenance de 2 kg.

Préchauffez le four à 180 °C (th. 6).

Hachez les oignons, la gousse d'ail et le persil. Mélangez-les
à la viande en ajoutant les œufs, la crème, le sel, le poivre
et le piment d'Espelette.

Tapissez la terrine avec la crépine, préalablement trempée
dans de l'eau fraîche et délicatement essorée, en la faisant déborder
de chaque côté. Remplissez-la de farce, moulez-la en forme
de dôme, posez le laurier et le thym, puis repliez la crépine
par-dessus.
Mettez à cuire au four pour 2 heures 30 au bain-marie.
Au terme de la cuisson, éteignez le four et laissez-y refroidir
la terrine, en laissant la porte entrouverte.
Laissez au frais pendant 24 heures avant de déguster.

Vous pouvez ajouter à la farce
2 échalotes fraîches hachées :
elle n'en sera que plus goûteuse.

Salade de haricots verts,
pêches, amandes et foie gras

Préparation : 20 minutes
Cuisson : 12 minutes
Pour 4 personnes

600 g de haricots verts
2 pêches de vigne ou pêches plates
60 g d'amandes fraîches
100 g de foie gras de canard cuit
2 échalotes
1 demi-botte de ciboulette
1 demi-salade romaine
4 cl de vinaigre de Xérès
4 cl de vinaigre de vin rouge
35 cl d'huile d'arachide
7 g de sel fin

Équeutez les haricots verts et faites-les cuire pendant 12 minutes dans de l'eau bouillante salée. Refroidissez-les dans un bac d'eau glacée.

Découpez les pêches de vigne et le foie gras en fines tranches. Ciselez les échalotes et la ciboulette. Émincez la salade romaine. Ouvrez les amandes fraîches, émondez-les (ôtez la peau brune), puis émincez-les.

Préparez la vinaigrette en mélangeant les vinaigres avec le sel, puis émulsionnez à l'huile d'arachide.

Assaisonnez la salade romaine et les haricots verts avec la vinaigrette et les échalotes ciselées.

Déposez au milieu d'une assiette le mélange de haricots verts-salade, puis, dessus, des tranches de foie gras et des lamelles de pêche. Parsemez d'amandes fraîches et de ciboulette. Entourez d'un cordon de vinaigrette.

Foie gras poêlé,
chasselas et pain d'épices

Préparation : 45 minutes
Cuisson : 30 minutes
Pour 6 personnes

1 foie gras de canard de 500 g environ
200 g de chasselas
150 g de chapelure de pain d'épices
1 assiette de farine
3 œufs
100 g de beurre
10 cl de vinaigre de Xérès
10 cl de porto
20 cl de vin rouge
15 cl de fond de veau
(préparé avec du fond déshydraté)
Sel
Fleur de sel
Poivre du moulin

Déposez des tranches de pain d'épices sur une plaque dans le four chauffé à 80 °C (th. 3). Au bout de 10 à 15 minutes, quand elles sont ramollies, mettez-les au frais pour qu'elles durcissent. Mixez-les ensuite au robot pour obtenir une chapelure.

Dénervez le foie avec soin et ôtez les parties sanguinolentes. Donnez-lui une forme régulière et arrondie tout en conservant autant que possible la fine peau extérieure. Salez-le et poivrez-le, puis faites-le revenir sur feu vif dans une cocotte. Retournez-le pour qu'il se colore.

Préchauffez le four à 200 °C (th. 6-7), puis enfournez la cocotte pour 15 minutes (à l'aide d'une cuillère, arrosez régulièrement le foie avec la graisse rendue).
Sortez le foie à l'aide d'une écumoire, puis laissez-le s'égoutter sur une grille.
Panez-le d'un seul côté en le trempant dans la farine, les œufs battus, salés et poivrés, puis la chapelure de pain d'épices.
Dans une poêle à hauts bords, faites fondre 50 g de beurre et faites cuire le foie côté chapelure à feu doux pendant quelques minutes.

Pendant ce temps, versez la graisse rendue par le foie dans la cocotte. Déglacez les sucs accrochés au fond avec 10 cl de vinaigre de Xérès. Versez ensuite 10 cl de porto et laissez réduire jusqu'à l'obtention d'un léger épaississement.
Ajoutez alors 10 cl de vin rouge et continuez à laisser réduire.
Finissez la sauce en ajoutant le fond de veau et en le liant avec 20 g de beurre fouetté.

Faites chauffer le chasselas dans une poêle beurrée (sur feu doux pour éviter que les grains n'éclatent).
Présentez ensuite le foie dans un plat creux ovale, entouré de sa sauce et des grains de chasselas dorés et parsemé de fleur de sel.

Vous pouvez ne paner que le gros lobe de foie et réserver le petit lobe pour une utilisation ultérieure. Dans ce cas, prévoyez 2 foies de 450 g environ.

C e n'est pas une légende. C'est une histoire mille fois contée. Celle d'une arrivée qui n'était pas programmée. Sans l'épidémie de phylloxéra, la tomate de Marmande n'aurait jamais pointé le bout de ses pieds… Les vignes qui furent détruites dans la deuxième moitié du XIXᵉ siècle laissèrent place à celle que l'on baptisa la « pomme d'amour ». De l'amour ? Depuis tout petit, chaque été, Christian Constant n'en a jamais manqué pour cette « reine » qu'il croque à pleines dents. Il se souvient, plus de cinquante après, de l'émotion qui l'avait envahi lors de sa première rencontre avec elle. « Elle était crue, et j'avais la sensation d'avoir un bonbon en bouche qui oscillait entre le sucré et le salé. Sa chair était tellement parfumée ! » se remémore-t-il, le sourire aux lèvres. C'était à la fin des années 1950, l'époque où l'on ne mangeait des tomates que « trois mois par an » – de la fin juillet à la fin octobre –, où elles avaient « vraiment du goût », où « pas deux ne se ressemblaient » et où elles n'étaient « pas toujours d'un rouge éclatant ». C'était l'époque aussi où Christian Constant, pendant les grandes vacances, à l'aube, accompagnait son oncle sur les marchés de Pau et d'Agen. Les pépites de Marmande trônaient en bonne place entre les melons et les asperges. Le petit Christian, lui, n'avait qu'une hâte, celle de rentrer le soir du côté de Layrac pour savourer les tomates farcies de sa grand-mère. « De si jolies poésies ! » s'exclame-t-il. Celles qu'écrivent encore aujourd'hui quelques rares producteurs de la région, que l'on compte sur une grappe ! Car sur les étals, la tomate de Marmande se fait désormais discrète et a cédé sa place à la cœur-de-bœuf, la noire de Crimée, la cornue des Andes, la green zebra et à d'autres variétés hautes en couleur et en saveur !

De l'amour ? Depuis tout petit, chaque été, Christian Constant n'en a jamais manqué pour cette « reine » qu'il croque à pleines dents.

Les tomates
du
Marmandais

La région de Marmande, dans le Lot-et-Garonne, est connue pour sa production de tomates en tout genre. Dans la ferme d'Élodie Chauvel, la tomate tient le haut du « panier », tout comme les aubergines, les courgettes, les fraises, les pêches, les prunes…
Chez Françoise Fel, une amie de Christian Constant, la tarte à la tomate est confectionnée avec des tomates bien mûres.

Verrine de tomate
façon bloody mary

Préparation : 35 minutes
Cuisson : 5 minutes
Pour 4 personnes

4 grosses tomates
1 grappe de tomates cerises
2 oignons
4 gousses d'ail
Huile d'olive
1 cuillère à soupe de vodka (facultatif)
3 feuilles de gélatine
200 g de mozzarella
50 cl de crème fraîche liquide
200 g de tapenade noire
Velours de balsamique
(vinaigre balsamique réduit)
Sel
Poivre

Pesto :
2 bottes de basilic
1 cuillère à soupe de pignons de pin
4 gousses d'ail
25 cl d'huile d'olive

Émincez les oignons et l'ail. Faites-les revenir dans une cocotte à l'huile d'olive.
Mondez les tomates, épépinez-les, coupez-les en petits morceaux, puis faites-les cuire doucement avec les oignons et l'ail pendant 5 minutes. Salez et poivrez. Ajoutez 1 cuillère à soupe de vodka. Réservez au frais.

Mettez à tremper les feuilles de gélatine dans de l'eau froide. Coupez la mozzarella en dés. Mettez-les à fondre sur feu doux avec la crème, puis passez la préparation au tamis. Incorporez alors les feuilles de gélatine essorées au liquide encore chaud.

Réalisez le pesto en mixant au robot les feuilles de basilic, les pignons de pin, l'ail et l'huile d'olive.

Dans un verre à cocktail, versez une fine couche de crème de mozzarella. Réservez au congélateur durant 2 minutes pour que la crème prenne.
Versez une fine couche de tomates concassées sur la crème de mozzarella. Réservez au congélateur durant 2 minutes.
Versez une fine couche de pesto sur les tomates concassées. Réservez au congélateur durant 2 minutes.
Versez une fine couche de tapenade sur le pesto. Réservez au congélateur durant 2 minutes.
Versez une fine couche de mozzarella et de tomates concassées. Réservez au congélateur durant 2 minutes.
Déposez 1 demi-tomate cerise sur le dessus du verre au centre. Décorez avec des points de velours de balsamique et de pesto.

Millefeuille de tomate,
mousseline d'avocat
à l'huile de curry

Préparation : 40 minutes
Pour 6 personnes

10 grosses tomates à chair ferme
10 g de curry en poudre
15 cl d'huile d'olive
1 pomme granny smith
3 cœurs de sucrine
25 cl de mayonnaise
(1 œuf, 1 cuillère à soupe de moutarde,
25 cl d'huile, vinaigre, sel et poivre)
250 g de tourteau
2 avocats mûrs à point
1 demi-citron
1 botte de ciboulette
1 bouquet de persil plat
Fleur de sel
Velours de balsamique
(vinaigre balsamique réduit)
Poivre
Piment d'Espelette

Ustensile :
1 emporte-pièce rectangulaire ou rond

La veille au soir, faites infuser le curry dans l'huile d'olive.

Mondez et évidez les tomates en découpant la chair en bandes
(aux dimensions correspondant à l'emporte-pièce choisi).
Détaillez la pomme en petits dés sans la peler. Coupez les pelures
de tomates en brunoise (en petits dés) et les cœurs de sucrine
en chiffonnade.

Préparez la mayonnaise en mélangeant tous les ingrédients au mixeur
ou au plongeur (vous pouvez mettre l'œuf entier, elle sera plus
légère).
Dans un cul-de-poule, émiettez à la fourchette la chair de tourteau.
Ajoutez la pomme, les dés de tomates, la chiffonnade de sucrine
à la mayonnaise.

Épluchez les avocats, puis passez-les au robot pour les réduire
en purée, en additionnant le jus de 1 demi-citron et 2 cuillères
à soupe d'huile de curry. Salez, poivrez et ajoutez du piment
d'Espelette.

Commencez le montage dans un emporte-pièce rectangulaire
(ou rond), en alternant couches de tomates et couches
de tourteau-mayonnaise. Terminez par une couche de tomates.
Filmez au contact et laissez au frais pendant 1 heure.
Démoulez le millefeuille en retirant l'emporte-pièce.
Déposez-le sur une assiette avec une quenelle d'avocat.
Décorez l'assiette de virgules de velours de balsamique
et d'huile de curry.

Si vous ne trouvez pas de tourteau frais,
utilisez des pinces et des pattes de crabe
en boîte en prenant soin de bien
les rincer auparavant.
Vous pouvez remplacer l'assaisonnement
au curry par de l'huile d'amande douce,
accompagnée d'amandes fraîches en saison.

Tarte à la tomate,
mozzarella, basilic

Préparation : 1 heure
Cuisson : 35 minutes
Pour 6 personnes

1 pâte feuilletée pur beurre
15 tomates rondes bien mûres
3 boules de mozzarella
2 oignons
1 gousse d'ail
Huile d'olive
30 g de concentré de tomate
1 pincée de sucre
Fleur de thym
Piment d'Espelette
Fleur de sel

Pesto :
1 bouquet de basilic
1 gousse d'ail
20 g de pignons de pin
30 cl d'huile d'olive
Sel
Poivre

Concassée de tomates :

Mondez et épépinez 10 belles tomates. Ciselez les oignons et hachez la gousse d'ail. Faites cuire le tout dans l'huile d'olive avec le concentré de tomate, la pincée de sucre, quelques pointes de fleur de thym, du sel et du poivre pendant 30 minutes jusqu'à l'obtention d'une belle concassée sans eau.

Pendant ce temps, faites cuire à blanc (sans la garniture) la pâte feuilletée étalée dans un moule à tarte à 180 °C (th. 6) pendant 18 minutes environ.

Pesto :

Blanchissez la gousse d'ail. Passez rapidement les pignons de pin à la poêle très chaude pour les torréfier.
Mélangez dans un bol de mixeur ou un blender l'huile d'olive, la gousse d'ail, les feuilles de basilic (réservez-en quelques petites pour la décoration), les pignons, le sel et le poivre.

Quand la pâte est cuite et bien dorée, étalez dessus une belle couche de concassée (3 cm environ), puis recouvrez des tomates restantes coupées en tranches et de lamelles de mozzarella, disposées alternativement en rosace.
Parsemez de quelques pointes de fleur de thym, arrosez d'un filet d'huile d'olive, salez à la fleur de sel, saupoudrez de piment d'Espelette puis passez au four pendant quelques minutes jusqu'à ce que la mozzarella commence à fondre.
Au moment de servir, déposez quelques petites feuilles de basilic et nappez d'huile de pesto.

Pour éviter que la pâte gonfle lors de la cuisson, piquez-la à l'aide d'une fourchette et couvrez-la pendant 10 minutes d'un moule à tarte de même diamètre.

l la contemple. L'observe minutieusement sous toutes ses facettes. La couve soigneusement du regard. Depuis qu'il l'a rencontrée un jour de décembre des années 1960, Christian Constant ne l'a plus quittée. Entre lui et elle, c'est l'amour de la (dé)raison ! Il n'a d'yeux que pour cette petite boule sombre bosselée, qu'il prend plaisir à toiletter. La voilà parfaitement brossée, luisante comme une perle. À quoi peut-il bien penser, Christian Constant, en s'apprêtant à râper cette truffe noire à la mandoline ? Certainement à son apprentissage. À ce déjeuner de la brigade de la fin 1964 avant le service du midi. À Montauban. À son patron, M. Delmas, qui l'avait initié à ce rite sacré. À la malice des paysans qui tentaient de la bourrer de cailloux pour qu'elle pèse plus lourd. Comme si tout se bousculait soudainement, il se revoit à table, face à cette omelette surmontée de truffe noire. La révélation. Les yeux clos, comme lors de « ce moment magique », il revit cette scène qui l'avait bouleversé. « Je n'en avais pas perdu la moindre miette. Je ne voulais surtout rien gaspiller. J'avais presque léché mon assiette. J'ai encore les saveurs de sous-bois, de terre, de champignons sur le palais. Quels parfums ! Quel régal ! Mes cinq sens étaient en éveil. J'ai gardé les moindres détails dans ma mémoire », confie-t-il. Celui du prix aussi. Le kilo de truffe noire s'échangeait alors à cinquante anciens francs (l'équivalent de sept cent cinquante euros). « Presque mon salaire annuel

La truffe
de
Lalbenque

Sur les causses du Quercy, le cavage s'effectue à l'aide d'un cochon ou d'un chien. Le diamant noir, objet de toutes les convoitises, arrivera ensuite caché sous un torchon, dans un petit panier, sur le marché de Lalbenque. Il passera aussi parfois par la Maison Pebeyre, incontournable dans le commerce de la Truffe du Lot.

> *« J'avais presque léché mon assiette. J'ai encore les saveurs de sous-bois, de terre, de champignons sur le palais. Quels parfums ! Quel régal ! »*

d'apprenti », s'amuse-t-il. Ce qui avait, en revanche, moins amusé ses parents, c'est la somme que leur fils avait dépensée un mardi au marché de Lalbenque pour leur faire découvrir quelques grammes de son mystérieux trésor. « Ils en avaient simplement entendu parler, comme le caviar. C'était un produit de luxe qu'ils ne pouvaient pas se permettre d'acheter. Alors je m'étais sacrifié pour eux. Ils avaient trouvé ça très bon, mais beaucoup trop cher pour ce que c'était. » Lui, Christian Constant, son seul regret était de voir, dans le passé, cette truffe noire toujours cuite finir dans une tourte ou servir de décor dans la galantine ou le foie gras. « Quel dommage ! Quel sacrilège ! »

l découvrit plus tard la délicatesse de la salade à la truffe noire, du risotto à la truffe noire… Il préfère par-dessus tout la consommer là où elle est encore récoltée par des patriarches qui arpentent les bois près des chênes avec leur cochon ou leur chien, en plein Périgord ou sur les causses du Quercy, autour de Lalbenque. « On ne la sort pas de son milieu. C'est là qu'elle est la meilleure. » Comme chez Pierre-Jean et Babe Pebeyre, à Cahors, qui poursuivent l'aventure entamée par Pierre Pebeyre en 1897. La *tuber melanosporum* est l'unique fonds de commerce de ces négociants du Lot qui fournissent les plus grandes tables étoilées. Pour eux, la truffe noire se respecte, il faut savoir la doser, l'assaisonner, l'équilibrer, l'accommoder, la marier, la révéler. Tout un art – complexe – que Christian Constant maîtrise à la perfection. « Ce qui me plaît avec elle, c'est que vous pouvez faire le plus grand plat du monde, sans être le meilleur du cuisinier du monde. » La preuve quand il officie dans la cuisine des Pebeyre pour découvrir leur tastou : du pain avec du beurre et de fines lamelles de truffe noire quelques secondes sous la salamandre. Le bonheur n'est plus très loin !

Lorsqu'on a la chance d'être invité dans la famille Pebeyre, à Cahors, on mange de la truffe de l'apéritif au dessert ! Mais la meilleure façon de déguster la tuber melanosporum, *c'est tout simplement en omelette…*

Œufs mollets roulés
à la mie de pain et à la truffe

Préparation : 1 heure
Cuisson : 45 minutes
Pour 6 personnes

12 œufs
4 tranches de pain de mie sans croûte
15 g de truffe hachée
120 g de beurre à température ambiante
240 g de chapelure
30 cl de vinaigrette à l'huile d'olive
et au vinaigre de vin vieux
Sel
Poivre

Faites cuire les œufs 3 par 3 pendant 5 minutes 30 à partir de l'ébullition. Trempez-les dans l'eau glacée, puis écalez-les. Faites fondre 40 g de beurre dans une poêle. Déposez-y 2 œufs mollets et faites-les rouler doucement. Versez 40 g de chapelure en pluie. Baissez le feu et arrosez les œufs avec le mélange beurre-chapelure jusqu'à ce que la panure adhère bien à chaque œuf. Recommencez l'opération avec les œufs restants.

Travaillez le reste du beurre à la fourchette avec la truffe hachée, du sel et du poivre. Réservez au frais.

Toastez les tranches de pain de mie, coupez-les en lamelles et beurrez-les généreusement de beurre truffé.
Servez chaque œuf entouré d'un cordon de vinaigrette (à l'huile d'olive et au vinaigre de vin vieux) et de toasts.
Accompagnez d'un mesclun assaisonné à votre goût.

Attention : ne faites pas cuire tous les œufs en même temps, mais par 3 ou 4. Si vous le pouvez, augmentez la quantité de truffe. Vous pouvez utiliser de la pelure de truffe (en conserve). Si la technique « pro » de la panure vous paraît compliquée, vous pouvez rouler les œufs mollets successivement dans de la farine, de l'œuf battu, salé et poivré, et de la chapelure. Ensuite, vous les ferez cuire pendant quelques secondes dans un petit bain de friture (50 cl d'huile dans une petite casserole).

Poireaux vinaigrette
à la truffe et œufs mimosa

Préparation : 35 minutes
Cuisson : 30 minutes
Pour 6 personnes

30 poireaux moyens (ou 18 très gros)
3 œufs durs
25 cl d'huile d'arachide
5 cl d'huile de truffe
1 cuillère à soupe de vinaigre balsamique
1 cuillère à soupe de vinaigre de Xérès
Sel
Poivre

Faites cuire les poireaux à l'anglaise (dans de l'eau bouillante salée) en bottes ficelées de 3 ou 6 pendant 16 à 18 minutes. Rafraîchissez-les dans de l'eau froide et mettez-les à égoutter sur un linge.

Faites durcir les œufs pendant 10 minutes, refroidissez-les et écalez-les. Séparez ensuite les blancs des jaunes. Hachez-les séparément et finement, puis écrasez-les dans une passoire fine (tamis) en faisant tomber successivement les blancs puis les jaunes sur et autour des poireaux disposés dans le plat de service.

Faites une vinaigrette avec les 2 huiles, les 2 vinaigres, le sel et le poivre, et arrosez l'ensemble.

Pieds de cochon
à la truffe et macaire de pommes de terre

Préparation : 1 heure
Cuisson : 1 heure 30
Pour 6 personnes

Macaire :

1 kg de pommes de terre à chair ferme
3 œufs
100 g de beurre
1 pincée de noix de muscade râpée
Sel

Truffe aux pieds de porc :

300 g de pieds de porc cuits
1 petite boîte de pelures de truffes ou truffes hachées
80 g d'échalotes ciselées
50 g de beurre
100 g de chair à saucisse
15 g de moutarde
40 g de persil haché
25 g de câpres
25 g de cornichons
40 g de farine
1 œuf (pour la panure)
Huile d'arachide

Sauce truffée au porto :

Voir recette p. 98, en ajoutant des truffes hachées, selon la saison.

Faites cuire au four les pommes de terre pendant 1 heure dans leur peau à 160 °C (th. 5-6). Quand elles sont cuites, prélevez leur chair avec une cuillère et écrasez-la grossièrement à la fourchette avec 2 œufs entiers, 1 jaune d'œuf et le beurre. Ajoutez 1 pincée de sel et la noix muscade râpée. Étalez la pâte ainsi obtenue à l'intérieur d'emporte-pièces en aluminium ronds ou rectangulaires sur une hauteur de 2-3 cm.
Disposez dans un grand plat profond tapissé de film alimentaire. Repliez le film alimentaire sur le plat et mettez sous presse (briques de lait, par exemple) au frais.

Faites cuire au beurre les échalotes ciselées.
Faites chauffer rapidement les pieds de porc dans la poêle. Hachez-les finement, puis mélangez-les à chaud avec la chair à saucisse, les échalotes cuites, la moutarde, le persil haché, les câpres et les cornichons coupés en petits dés.
Formez des boulettes de 15 à 20 g (de la taille d'un œuf de pigeon ou d'une belle truffe). Roulez-les dans la farine, trempez-les dans l'œuf battu, puis roulez-les dans les truffes hachées. Faites-les ensuite frire pendant quelques secondes dans un petit bain d'huile d'arachide très chaude. Égouttez-les à l'écumoire.

Au moment de servir, démoulez les macaires. Faites-les chauffer et dorer dans une poêle à sec. Servez aussitôt avec 3 boulettes de truffe chaudes, puis entourez de sauce au porto et à la truffe.

Quel est le point commun entre le Béarn et le Pays basque ? Le rugby ? Non ! L'accent ? Toujours pas ! Alors ? Si vous ne trouvez pas la réponse, n'en faites pas tout un fromage. Enfin si, l'ossau-iraty. Une appellation d'origine contrôlée depuis 1980 et une appellation d'origine protégée depuis 1996, qui doit son nom à son terroir situé entre le pic du Midi d'Ossau et la forêt d'Iraty, la plus grande hêtraie d'Europe. Un savant mariage entre la montagne et les bois. Une sublime pâte pressée non cuite de brebis, dont celle de la laiterie Agour d'Hélette a carrément été érigée au rang de meilleur fromage du monde, à la barbe de 2 700 autres. « Ce n'est pas un hasard si on le trouve toujours dans les restaurants étoilés. En plus, petits et grands, tout le monde l'aime », observe Christian Constant. Les bergers de l'ossau-iraty peuvent donc continuer à vivre sur les reliefs pentus des Pyrénées, et leurs brebis de la race Manech, aux

L'ossau-iraty

Élaboré dans le terroir du Pays basque et du Béarn, l'ossau-iraty est un fromage de traditions : seules des brebis de races locales produisent le lait, qui est parfois filtré à travers des orties. Quant à l'affinage, il est d'une durée minimum de 80 à 120 jours.

« C'est un long processus qui réclame une précision diabolique. »

longues cornes et à la tête noire ou rousse, à tranquillement transhumer au gré des 600 000 hectares de pâturages qui les accueillent. Du caillage à l'affinage en passant par le découpage, le brassage, le chauffage, le moulage, le pressage et le salage, l'ossau-iraty va franchir de nombreuses étapes pour voir sa croûte osciller entre le gris cendré et le jaune orangé, et sa pâte virer du blanc ivoire au jaune ivoire. « C'est un long processus qui réclame une précision diabolique », s'émerveille Christian Constant. Il n'y a alors plus qu'à tailler l'ossau-iraty au couteau comme du papier à cigarette, ou à le découper en copeaux à la mandoline ou à la râpe à truffe, puis à l'accompagner de pain et de confiture de cerise noire. La suite se passe de commentaires.

Fine tarte aux cèpes
et lamelles d'ossau-iraty

Préparation : 30 minutes
Cuisson : 1 heure
Pour 6 personnes

1 rouleau (si grande tarte)
ou 2 rouleaux (si tartelettes individuelles)
de pâte feuilletée
1 kg de cèpes bouchons
Quelques lamelles d'ossau-iraty
(fromage de brebis basque)
3 tomates
1 oignon
Huile d'olive
100 g de beurre
2 gousses d'ail hachées
1 demi-bouquet de persil
40 g de parmesan râpé
20 g de chapelure
18 pétales de tomates confites
Fleur de sel

Préparez une concassée de tomates avec 3 belles tomates et 1 oignon émincé et revenu dans l'huile d'olive, de façon à obtenir 100 g de pulpe réduite.

Poêlez ensuite tous les cèpes à l'huile d'olive. Réservez les plus belles têtes (environ 8). Hachez ceux qui restent en petits morceaux. Faites revenir l'ail sans coloration dans 50 g de beurre. Ajoutez les cèpes hachés, faites-les dorer, puis incorporez la concassée de tomates, le persil haché, le parmesan râpé et la chapelure. Salez et poivrez.

Étalez la pâte sur un moule du même diamètre ou découpez 6 ronds de pâte de 12 à 14 cm de diamètre pour des tartelettes. Piquez la pâte avec une fourchette, puis recouvrez-la d'une feuille de papier sulfurisé et d'une grille pour éviter qu'elle ne gonfle. Commencez la cuisson à 210 °C (th. 7) pendant 9-10 minutes, puis retirez le papier et la grille, et terminez la cuisson à 180 °C (th. 6) pendant 7-8 minutes.

Étalez la garniture à 1 cm des bords de la pâte. Faites réchauffer et glacer au beurre les têtes des cèpes réservés. Posez-les harmonieusement sur la garniture en décorant de quelques pétales de tomates confites.
Repassez 1 minute sous le grill du four, puis saupoudrez de fleur de sel, de persil haché et de copeaux de parmesan ou d'ossau-iraty.

Si vous posez du papier sulfurisé, puis une grille ou un moule à tarte sur la pâte en début de cuisson, vous obtiendrez un beau feuilletage. Vous pouvez améliorer cette tarte en y ajoutant une julienne de jambon de Bayonne ou de confit de canard.

Crème de haricots maïs
du Béarn, croustillants de pieds de porc et copeaux d'ossau-iraty

Préparation : 20 minutes
Cuisson : 1 heure 30
Pour 6 personnes

Crème de haricots :
300 g de haricots blancs
(à faire tremper la veille)
1 oignon
1 clou de girofle
1 carotte
1 gousse d'ail
1 cube de bouillon de volaille ou 1 cuillère
à soupe de fond de volaille déshydraté
Huile d'olive
40 cl de crème fleurette
15 g de beurre
Piment d'Espelette
Sel
Poivre

Croustillants :
200 g de pieds de porc cuits (chez le charcutier)
Quelques lamelles d'ossau-iraty
(fromage de brebis basque)

La veille, faites tremper les haricots.

Égouttez les haricots, faites-les cuire à l'eau froide avec l'oignon piqué d'un clou de girofle, la carotte coupée en rondelles et la gousse d'ail. Dès que l'eau bout, écumez, puis ajoutez 1 cube de bouillon de volaille ou 1 cuillère à soupe de fond de volaille déshydraté. Laissez cuire à feu doux (pour éviter que les haricots n'éclatent) pendant 1 heure 30 environ. À ce stade, réservez un bol de haricots pour la garniture et mettez-les à tremper dans un peu d'huile d'olive.

Versez la crème fleurette dans la casserole des haricots, continuez la cuisson pendant 5 minutes, puis mixez au plongeur jusqu'à l'obtention d'une belle crème onctueuse. Salez, poivrez et ajoutez une noix de beurre.

Déposez les pieds de porcs et taillez-les en dés (de la grosseur de petits croûtons) et faites-les dorer à la poêle, à sec. Mettez dans des assiettes ou des coupelles 1 louche de crème de haricots, quelques haricots réservés, 4 morceaux de porc, quelques lamelles d'ossau-iraty, une pointe d'huile d'olive et quelques pincées de piment d'Espelette.

Vous pouvez éviter le trempage de la nuit en versant de l'eau bouillante sur les haricots secs et en les laissant refroidir 1 heure avant la cuisson. En saison, pas de trempage et temps de cuisson réduit (20 minutes environ) pour des haricots frais.

Des cochons bien nourris et élevés en liberté, un charcutier passionné qui ne propose que des produits de qualité : l'Ibaïona d'Éric Ospital, à Hasparren, est un jambon d'exception.

Il suffit de s'asseoir et de tendre l'oreille pour se laisser bercer par les histoires qu'il raconte sur son « péché mignon ». L'écouter parler de sa couleur, de son odeur, de sa texture. C'est tout un poème. Christian Constant a les pieds plantés – la fourchette et le couteau aussi, d'ailleurs – dans cette campagne à laquelle il ne cesse de rendre hommage. Cette fois, c'est un jambon cru d'exception qu'il met sur le devant de l'assiette : l'Ibaïona d'Éric Ospital ! Une offrande ancestrale frottée à la main, accrochée à une vieille poutre, et qui passe par quatre saisons d'affinage avant d'être numérotée et rivetée. « Quand je vois l'Ibaïona pendu, je sais déjà celui que je choisirai : il faut qu'il soit ambre, solaire,

« Quand je vois l'Ibaïona pendu, je sais déjà celui que je choisirai… »

presque parme, si j'ose dire pour la provocation, mais surtout pas trop foncé. Sa robe doit être claire. Je le sonde pour voir s'il déploie ce parfum de gland, de noisette, d'amande, presque de cire. Je vérifie qu'il a du gras, mais pas trop, bref qu'il est bien dodu… L'essentiel, c'est qu'il ne soit ni trop sec ni trop mou. Pour être clair, il doit vous faire saliver. Quand vous le sentez, vous devez avoir envie de l'attaquer… » Christian Constant ne s'arrête plus quand il s'agit d'évoquer son « plus fidèle compagnon ». « Si je m'écoutais, j'en mangerais matin, midi et soir ! » À 8 ans, pourtant, il en pinçait davantage pour le jambon blanc de Paris. « Je n'accrochais pas, c'était trop salé pour moi. Il y avait le côté "viandard" qui gêne quand on est gamin. Et puis, en grandissant, j'ai pris de plus en plus de plaisir à déguster le jambon cru… » Il vous raconte qu'il va jusqu'à l'emporter dans le train, planqué dans sa valise à côté d'une bonne baguette et d'une belle plaquette de beurre ; qu'il attend avec hâte que le TGV Paris-Toulouse démarre pour pouvoir se préparer son sandwich, « ce morceau d'anthologie » qu'il ne donnerait à quelqu'un pour rien au monde. « Accompagné d'un petit verre de vin rouge, vous êtes le roi du monde », adore-t-il répéter. Il vous confie même qu'il le trimballe jusque chez son beau-frère en Grande-Bretagne. « Quand j'arrive, il me saute dans les bras ! » Il est comme ça, le jambon Ibaïona, il rassemble au-delà des frontières. Devant les matchs de rugby. Chez les producteurs, au bistrot, à la maison… Il le préfère aux jambons

Le jambon Ibaïona

espagnols. « Je ne vais quand même pas sacrifier mes valeurs, mes racines ! On en fait du tellement bon chez nous ! » martèle-t-il. Il cite encore son compère Éric Ospital à Hasparren. « Quand je suis dans son séchoir, je suis le plus heureux des hommes. Je ne sais plus où donner de la tête tellement il y a de trésors : Ibaïona, Trois Fermes… C'est un artisan hors pair. Lui, il fait de la haute couture quand presque tous les autres font du prêt-à-porter. Avec ses cochons nourris à base de céréales et élevés au Pays basque, il va au-delà de ce que l'on pourrait imaginer ! » Christian Constant s'en souvient quand il s'agit de transcender les trésors que lui confie son ami. Avec des œufs pour « exciter les papilles », avec un melon pour « contrebalancer le sel », avec une ratatouille pour « révéler ses incroyables saveurs »… On le croit volontiers !

Comme le dit si bien le maître des lieux, dans le séchoir à jambons de la maison Ospital, « les jambons sont accrochés à une poutre et sont caressés par les vents » en attendant d'être envoyés chez Christian Constant ou sur d'autres belles tables parisiennes…

À Bayonne, on ne fait pas que du jambon :
chez Ttipia, le cidre coule à flots. Les rugbymen
du Biarritz Olympique — Arnaud Heguy,
Sylvain Marconnet, Jérôme Thion —,
accompagnés d'Éric Ospital et de Christian
Constant, en oublient même qu'ils sont sur
le « territoire » de l'Aviron Bayonnais !

Préparation : 30 minutes
Cuisson : 20 minutes
Pour 6 personnes

18 grosses belles asperges blanches
6 tranches de jambon de Bayonne
(pas trop fines)
50 g d'ossau-iraty
(fromage de brebis basque)
50 g de beurre
50 cl de fond de veau

Asperges blanches
roulées au jambon de Bayonne et gratinées à l'ossau-iraty

Pelez les asperges. Cuisez-les à l'anglaise (dans de l'eau bouillante salée) pendant 12 à 14 minutes sur feu moyen afin de conserver les pointes intactes. Refroidissez-les dans de l'eau glacée. Égouttez-les sur un linge.

Enroulez chaque asperge dans un tiers de tranche de jambon de Bayonne, en partant du bas de la tige vers la tête.

Déposez les asperges dans un plat à gratin bien beurré et nappez-les de quelques cuillères de fond de veau. Faites-les cuire à four chaud (180 °C) pendant 5 minutes, puis nappez-les de nouveau de jus et de beurre fondu pour bien les glacer.

Râpez l'ossau-iraty et parsemez-en le plat, puis remettez au four quelques minutes avant de servir généreusement nappé de la sauce restante.

Vous pouvez faire gratiner le plat avec du gruyère ou du parmesan. La cuisson des asperges sera parfaite si vous les assemblez par 3 ou 6 en petites bottes ficelées. Les grosses asperges peuvent être remplacées par des asperges plus petites : comptez alors 2-3 petites (et 1 tranche de jambon) pour 1 grosse. Le fond de veau, idéalement fait maison, peut être remplacé par 50 cl de fond de veau du commerce.

}

Tartines de rocamadour,
jambon de Bayonne et figues

Préparation : 10 minutes
Pour 6 personnes

6 cabécous (ou rocamadour)
6 tranches de jambon de Bayonne
3 figues fraîches (ou séchées hors saison)
10 cl de crème liquide
6 tranches de pain de campagne toastée
Huile d'olive
Sel
Piment d'Espelette

Mélangez en l'écrasant à la fourchette le cabécou et la crème.
Ajoutez de l'huile d'olive, du sel et du piment d'Espelette
à votre convenance. Si la pâte du cabécou est un peu dure,
faites chauffer la crème pour la détendre. Battez la préparation au
fouet manuel jusqu'à l'obtention
de la consistance d'une béchamel épaisse.

Tartinez une belle tranche de pain de campagne grillée
de cette crème au fromage.
Ajoutez quelques fines tranches de jambon de Bayonne,
détaillées en lanières froissées, ainsi que des tranches de figues
fraîches ou séchées.

En été, on peut remplacer les figues
par des abricots.
Ces tartines peuvent être servies
avec une salade pour un déjeuner léger.

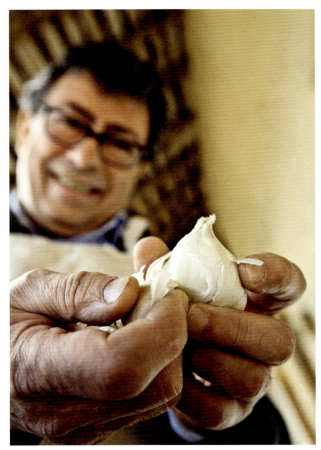

« Vous me demandez encore de choisir entre l'ail blanc de Beaumont-de-Lomagne et l'ail rose de Lautrec ? Pour la énième fois, je vais vous répéter la même chose : l'ail de Beaumont-de-Lomagne, bien sûr ! » Christian Constant n'en démord pas. Il campe invariablement sur ses positions tout en confessant son « chauvinisme exacerbé ». Au fond, c'est un peu comme si vous demandiez à un enfant né à Biarritz s'il supporte en rugby le Biarritz Olympique ou l'Aviron Bayonnais. Avant même d'avoir posé la question, vous connaissez la réponse… Pour Christian Constant, c'est pareil ! C'est le sol du Tarn-et-Garonne qui l'a vu naître qui remporte les suffrages de son cœur. « Je n'y peux rien. Depuis tout petit, c'est comme ça et ça ne changera pas. L'ail de Beaumont-de-Lomagne est la variété que je préfère », tente-t-il de justifier. Et de s'empresser de botter en touche en donnant la technique pour reconnaître le bon ail : « Il faut qu'il soit blanc nacré, avec des caïeux

« J'en mets partout. Sans ail, la cuisine n'existerait pas. C'est mon médicament. »

bien dodus, mais pas tachés. Quand vous le prenez en main, il doit être pommelé. Quand vous le pressez, vos doigts ne doivent pas s'enfoncer dedans. Et surtout, quand vous l'ouvrez, il ne doit pas y avoir trop de chair à l'intérieur. Si tout cela est réuni, vous pouvez y aller les yeux fermés… » Ainsi parle-t-il de ce condiment aux vertus insoupçonnées qui bénéficie du label européen d'IGP (Indication géographique protégée) depuis décembre 2008. Poulet, ratatouille, cassoulet, lentilles… il ne peut pas s'empêcher de le faire mijoter à toutes les sauces. « J'en mets partout. Sans ail, la cuisine n'existerait pas. C'est mon médicament. » Un remède qui le garde en bonne santé !

L'ail blanc & l'ail rose

L'ail de Lautrec est rose, l'ail de Lomagne est blanc. Christian Constant ne peut renier ses origines et choisira plutôt celui qui est produit dans le Tarn-et-Garonne. Pour se décider, le mieux est de goûter !

Tourin à l'ail

Préparation : 15 minutes
Cuisson : 35 minutes
Pour 6 personnes

3 oignons blancs doux
2 gousses d'ail
2 cuillères à soupe de graisse d'oie
1 cuillère à soupe de farine
2 l de bouillon de volaille
3 œufs
2 cuillères à soupe de vinaigre de Xérès
Sel
Poivre

Émincez les oignons. Pelez et hachez les gousses d'ail.
Faites revenir doucement sans coloration les oignons dans la graisse d'oie fondue. Quand ils sont transparents, ajoutez l'ail, puis la farine.
Remuez vivement, puis versez le bouillon de volaille bouillant.
Laissez mijoter pendant 30 minutes sur feu doux, puis mixez le potage au blender ou au plongeur pour le rendre bien lisse.
Salez et poivrez.
Prélevez 1 louche de potage pour la liaison.

Battez les blancs d'œufs à la fourchette et versez-les dans la marmite, toujours sur le feu, tout en remuant. Les blancs d'œufs vont cuire en formant des petits filaments.
Délayez les jaunes battus dans un grand bol avec le vinaigre.
Ajoutez la louche de bouillon réservée et versez doucement cette liaison dans la marmite en remuant au fouet juste avant de servir (ne les faites pas bouillir !).

Servez ce potage avec de très fines lamelles de baguette de pain toastées et aillées, ou des petits croûtons aillés frits.

Cassolette d'encornets
à l'ail et gésiers confits

Préparation : 20 minutes
Cuisson : 10 minutes
Pour 6 personnes

1,5 kg d'encornets frais
200 g de gésiers confits
4 belles tomates rondes
2 gousses d'ail
Huile d'olive
80 g de beurre
1 bouquet de persil
Piment d'Espelette
Fleur de sel

Nettoyez et pelez les encornets. Enlevez bien tous les cartilages.
Découpez les blancs en lanières assez larges.
Conservez les tentacules entiers.
Mondez et épépinez les tomates. Découpez-les en pétales.
Hachez les gousses d'ail au couteau.

Saisissez dans l'huile d'olive très chaude les blancs et les tentacules
par petites quantités, jusqu'à ce qu'ils rendent leur eau
(ne salez pas). Réservez dans un plat.
Faites alors fondre le beurre dans la poêle, salez et ajoutez l'ail haché,
puis remuez bien pour parfumer le beurre. Ajoutez successivement
les blancs et les tentacules en les retournant sur toutes leurs faces
pour les faire dorer.
Terminez par les gésiers confits et les tomates préparées, le persil
haché, du piment d'Espelette et une pointe de fleur de sel.
Servez dans une grande cassolette de service ou des cassolettes
individuelles.

Les gésiers peuvent être servis
soit en morceaux, soit en petits dés.
Les encornets peuvent être cuits
à la plancha, puis terminés au beurre
à la poêle, comme en Espagne.
S'ils rendent trop d'eau,
cela signifie qu'ils ne sont pas frais !

M. Betbeder connaît tous les méandres de l'Adour et pêche. pour la maison Barthouil et les restaurants de la région. les plus beaux saumons. Une activité ancestrale illustrée dès le XII° siècle sur le portail sculpté de la cathédrale d'Oloron-Sainte-Marie.

es souvenirs remontent à la surface. À celle de cette rivière qui le voyait se baigner, enfant, les pieds dedans. C'était l'époque des quilles à la vanille et des gommes en chocolat. Quand il n'avait pas école, Christian Constant passait ses après-midi au bord de son terrain de jeux favori dans les Landes : l'Adour. Armé de sa canne à pêche, il guettait plus ou moins patiemment les saumons. « Si vous saviez le nombre que j'ai vu passer ! Je les voyais défiler à toute allure à quelques mètres

Je n'ai jamais réussi à en attraper un seul. Je suis toujours rentré chez moi bredouille. Les grandes personnes ne faisaient pas mieux que moi.

de moi en étant impuissant. Ça m'énervait. Je n'ai jamais réussi à en attraper un seul. Je suis toujours rentré chez moi bredouille. Les grandes personnes ne faisaient pas mieux que moi. Je crois que ça aurait pu durer une éternité comme ça ! » Il en rigole aujourd'hui, mais petit, ça l'agaçait copieusement. « Ce qui m'impressionnait le plus, avec les saumons de l'Adour, c'étaient leur fraîcheur, leur finesse, leur puissance, leur beauté, leur qualité », détaille-t-il. Il fait évidemment allusion aux sauvages, reçus en direct, qu'il travaillait durant son apprentissage. « Les clients avaient tendance à penser que le top du top était issu de l'étranger. Moi, je peux vous dire que chez nous, on en faisait du très bon. On tutoyait l'exceptionnel », répète-t-il à l'envi. En bellevue, entier, poché, grillé, au charbon… le saumon démultipliait toutes ses lettres de noblesse. « On avait presque envie de sucer toutes les arêtes ! Hors de question de gaspiller, c'était un bonbon ! » Il salive en parlant du saumon magnifié à l'oseille crue. « On le déglaçait au Noilly Prat crémé, on montait ensuite au beurre les filets qu'on avait levés en grosses escalopes », enchaîne-t-il. Il confesse dans la foulée son faible pour le saumon en feuilleté. « On faisait revenir des oignons, de l'ail, des échalotes, de la ciboulette, du fenouil. On tombait ça à l'huile d'olive, et on faisait mariner notre saumon dedans avec du persil, du sel et du poivre. Le lendemain, on enlevait le film alimentaire, on ajoutait du sel, du poivre, des échalotes, de la ciboulette, de l'aneth et des herbes. On cuisait enfin notre saumon dans la pâte. Sublime ! » Subitement, Christian Constant devient nostalgique : « Les pesticides, les engrais, les PCB qui ont détruit l'environnement me mettent en colère.

Le saumon de l'Adour

Il n'y a qu'à se déplacer tout au long de l'Adour, de sa source à son embouchure, pour se rendre compte que l'eau n'est plus aussi limpide. C'est ce qui fait qu'il n'y a désormais pratiquement plus que de l'élevage. » De son côté, la maison Barthouil – route de Hastingues à Peyrehorade –, majoritairement importatrice de fabuleuses espèces issues de Norvège et d'Écosse, tente de sauver le patrimoine local des torrents pyrénéens. Avant de trancher les quelques centaines de kilos de saumon sauvage récupérés dans l'Adour, le maître des lieux, Jacques Barthouil, les fume lui-même à l'ancienne, à la sciure d'Aulne, durant une vingtaine d'heures. Un rituel immuable mis au point par son père Gaston il y a plusieurs décennies, pour « arrondir » leur goût. Ce fumoir à l'ancienne côtoie également de délicieux produits dérivés : œufs de saumon, terrine, tarama... Mais aujourd'hui, la faune de l'Adour est très appauvrie. « Je suis énervé quand je pense que les nouvelles générations ne profiteront pas de ça alors qu'il y en avait à profusion avant », souffle avec dépit Christian Constant. Qui sait, avec le temps...

« Un beau saumon comme ça, c'est rare et ça se respecte ! » Jacques Barthouil s'y emploie avec passion et pérennise un savoir-faire ancestral de fumage des saumons en « suspens » au bois d'aulne.

Blinis de pommes de terre au saumon fumé

Préparation : 50 minutes
Cuisson : 40 minutes
Pour 6 personnes

Blinis :
650 g de pommes de terre à chair ferme
5 cl de lait
3 cuillères à soupe de farine
3 œufs
100 g de beurre
2 cuillères à soupe de crème épaisse
18 petites tranches de saumon fumé
6 cuillères à café de caviar d'Aquitaine
ou d'œufs de truite
Brins de ciboulette

Sauce raifort :
50 g de raifort râpé
20 cl de crème liquide
20 cl de crème épaisse
1 cuillère à soupe de vinaigre de Xérès
Piment d'Espelette
Sel

Pour la préparation des blinis (ou crêpes vonnassiennes), pelez et cuisez à l'eau salée les pommes de terre pendant 40 minutes environ. Pendant ce temps, faites durcir 1 œuf durant 11 minutes.
Passez les pommes de terre dans le presse-purée.
Ajoutez le lait froid, puis la farine et les 2 œufs entiers battus en omelette. Mélangez bien et ajoutez alors la crème épaisse jusqu'à l'obtention de la consistance d'une crème pâtissière.

Faites fondre le beurre dans une petite casserole. Écumez la mousse qui remonte à la surface. N'utilisez que le beurre fondu (clarifié), le petit lait reste au fond.

Placez sur feu vif une poêle à blinis avec un peu de beurre clarifié. Quand le beurre est très chaud, prélevez une louche de pâte et faites-la cuire. Retournez la crêpe à l'aide d'une spatule ; les deux faces doivent être dorées. Dans ces mêmes poêles à blinis, les crêpes peuvent être cuites dans un four à 160 °C (th. 5), pendant 8 minutes de chaque côté.
Faites cuire ainsi tous les blinis et déposez-les dans des assiettes individuelles.

Pendant ce temps, préparez la sauce raifort en mélangeant les deux crèmes (épaisse et légère) avec le raifort râpé, le vinaigre de Xérès, le sel et le piment d'Espelette, selon votre goût.

Disposez sur les blinis encore chauds les tranches de saumon fumé détaillées en larges bandes et harmonieusement froissées, 1 cuillère à café de caviar d'Aquitaine, quelques brins de ciboulette, un peu d'œuf dur écrasé à la fourchette, puis entourez-les d'un cordon de sauce raifort froide.

Pour clarifier le beurre, faites-le fondre dans une petite casserole et écumez le petit lait qui remonte à la surface sous forme de mousse.
Il est utile de disposer de deux petites poêles à blinis pour ainsi réduire le temps de préparation.

Salade de betterave rouge et saumon fumé

Préparation : 20 minutes
Cuisson : 20 minutes
Pour 6 personnes

2 belles tranches épaisses de saumon fumé
1 grosses betteraves rouges cuites
1 demi-botte de ciboulette ciselée
Fleur de sel
Poivre du moulin

Marinade :
4 pommes de terre à chair ferme
2 carottes
3 oignons blancs
Huile d'olive
1 citron pressé
1 feuille de laurier
1 branche de thym
Grains de poivre
Feuilles de coriandre

Pour la marinade, faites cuire les pommes de terre à l'anglaise (dans de l'eau bouillante salée) pendant 20 minutes, en les conservant un peu fermes. Coupez les carottes en rondelles. Blanchissez-les 5 minutes à l'eau bouillante. Épluchez et coupez également les pommes de terre en rondelles quand elles sont refroidies. Détaillez les oignons en fines rondelles.

Réunissez tous les légumes dans un récipient, recouvrez-les d'huile d'olive additionnée du jus de citron avec la feuille de laurier, la branche de thym émietté, quelques grains de poivre et quelques feuilles de coriandre. Laissez mariner à température ambiante dans un récipient filmé.

Découpez des tranches de saumon épaisses à l'aide d'un emporte-pièce rond correspondant au diamètre des betteraves cuites. Comptez 3 escalopines de saumon et 3 rondelles de betterave par personne.
Présentez à l'assiette en intercalant saumon et betterave, puis nappez d'huile et des légumes marinés en parsemant de ciboulette ciselée, de fleur de sel et de poivre du moulin.

Vous pouvez réaliser cette recette avec du saumon frais que vous ferez mariner avec les légumes après l'avoir bien salé et poivré.

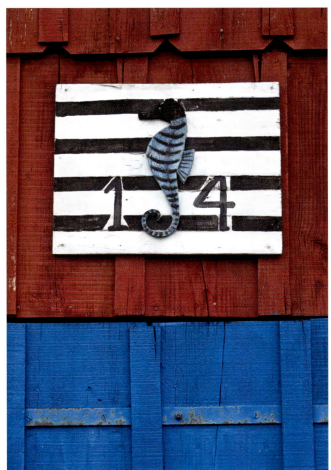

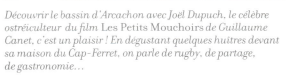

Découvrir le bassin d'Arcachon avec Joël Dupuch, le célèbre ostréiculteur du film Les Petits Mouchoirs *de Guillaume Canet, c'est un plaisir ! En dégustant quelques huîtres devant sa maison du Cap-Ferret, on parle de rugby, de partage, de gastronomie…*

ela lui rappelle les dimanches soir des mois de novembre et décembre quand, gamin, il rentrait en voiture des matchs de rugby qu'il avait disputés l'après-midi. Avec ses parents, il faisait toujours un détour par la poissonnerie. « J'attendais ça avec impatience. Ça me faisait oublier durant un temps que l'école reprenait le lendemain », se remémore Christian Constant. La famille repartait avec plusieurs douzaines de petites huîtres creuses, emballées dans du papier journal pour le dîner. « Avant de choisir la variété, on raclait les coquilles pour voir si la qualité nous plaisait. » La suite se passait à la maison autour de la table. Christian Constant mangeait, la plupart du temps, ses six ou neuf huîtres au naturel. « Parfois, je mettais soit un jet de citron, soit un peu de beurre demi-sel sur du pain de seigle pour les accompagner. » À cette époque-là, il n'avait pas encore entendu parler du domaine de Joël Dupuch au Cap-Ferret : Les Parcs de l'Impératrice, deux hectares situés sur les zones les plus riches du bassin d'Arcachon qui voient naître ces « perles rares ». De la Classique à la Spéciale en passant par la Perle, de véritables morceaux d'histoire. Des histoires, Joël Dupuch en raconte à Christian Constant à l'occasion d'une dégustation mémorable : « Les huîtres, ça se croque… » Il va même jusqu'à les servir avec du foie gras. « C'est un artiste Joël Dupuch, un magicien bohème ! » reconnaît Christian Constant qui, lui, les accommode régulièrement avec une saucisse en crépinette et de la truffe. « Le contraste du chaud et du froid est formidable. » Il voudrait même remettre au goût du jour l'une de ses recettes du Crillon au Violon d'Ingres : des ris de veau braisés au vin jaune, avec des épinards et trois huîtres juste tiédies au beurre dans un sautoir. On ne demande pas mieux.

« J'attendais ça avec impatience. Ça me faisait oublier durant un temps que l'école reprenait le lendemain. »

Les huîtres du bassin d'Arcachon

Tartare d'huîtres,
daurade et saumon
au caviar d'Aquitaine

Préparation : 1 heure
Pour 6 personnes

Tartare :
2 douzaines d'huîtres d'Arcachon n° 2 ou n° 3
250 g de filet de daurade
250 g de filet de saumon
1 petite boîte (25 g) de caviar d'Aquitaine

Marinade :
15 g de racine de gingembre râpée
2 citrons verts
40 g d'échalotes
¼ de botte de ciboulette
20 cl d'huile d'olive
Piment d'Espelette
Sel

Ouvrez les huîtres, retirez-les de leurs coquilles et mettez-les
à égoutter. Lavez et séchez les coquilles.
Taillez le saumon et la daurade en petits dés, ainsi que les huîtres
égouttées.

Râpez finement le zeste des citrons verts et pressez leur jus,
puis râpez le gingembre. Ciselez finement les échalotes.
Dans un grand bol, mélangez l'huile d'olive, le zeste et le jus
des citrons verts, et le gingembre râpé. Réservez.

Dans un saladier, mélangez la marinade aux poissons découpés,
puis ajoutez les échalotes ciselées, la ciboulette finement taillée,
le sel et le piment d'Espelette. Mélangez bien et réservez au frais.

Garnissez 4 coquilles d'huîtres par personne du tartare préparé.
Servez avec 1 cuillère à café de caviar sur le dessus.
Accompagnez de tranches de pain de seigle ou de campagne.

Selon votre goût, parfumez légèrement
la marinade avec 1 cuillère à café de curry
en poudre et quelques gouttes de Tabasco®.
Vous pouvez, bien sûr, remplacer le caviar
par des œufs de lompe ou de saumon.

Piment d'Espelette

Safran du Quercy

Canard gras du Sud-Ouest

Saucisse de Toulouse

Haricot maïs du Béarn

Poulet fermier des Landes

Agneau des Pyrénées

Bœuf de Chalosse

Veau du Ségala

Chez Constant
Les plats

Nage d'écrevisses et caviar d'Aquitaine

Merlu frit à l'ail, tomates et piment d'Espelette

Poêlée de cheveux d'ange au bouillon de crustacés et safran

Piquillos farcis à la morue, chorizo, sauce safran du Quercy

Hamburger de canard

Garbure béarnaise

Alouettes de canard farcies au foie gras

Pithiviers de canard

Cassoulet du Bibent

Chou farci au foie gras et saucisse de Toulouse

Poule au pot

Cocotte de légumes pour lendemain de fête

Agneau de lait Champvallon

Croustillant d'agneau du Quercy à la mousseline de carotte

Parmentier d'agneau

Steak au poivre, pommes couteaux

Côte de bœuf à l'échalote grise

Pot-au-feu du Sud-Ouest et mique

Côtes de veau du Ségala, petits pois, asperges et morilles

Poitrine de veau du Ségala farcie aux pruneaux et aux noix du Périgord

Jarret de veau braisé à la tomate de Marmande

Nage d'écrevisses
et caviar d'Aquitaine

Préparation : 40 minutes
Cuisson : 40 minutes
Pour 6 personnes

18 écrevisses
1 petite boîte (25 g) de caviar d'Aquitaine
6 pavés de saumon de 140 g environ
75 cl de vin blanc sec
600 g de carottes
400 g de petits oignons nouveaux
1 gousse d'ail
Quelques queues de persil
Brindilles de thym
Feuille de laurier
10 g de sel
Poivre

Faites cuire à petits frémissements pendant 30 minutes un bouillon préparé avec 1 l d'eau, le vin blanc sec, les carottes et les oignons coupés en fines rondelles, la gousse d'ail pelée et entière, le persil, le thym et le laurier, le tout généreusement assaisonné de sel et de poivre (le bouillon ne doit pas être fade).

Châtrez les écrevisses : saisissez l'écaille centrale de la nageoire caudale et tordez-la légèrement pour en sortir, en tirant, le petit boyau noir. Plongez-les immédiatement dans la nage chaude et cuisez-les pendant 4 minutes après la reprise de l'ébullition. Égouttez-les à l'aide d'une écumoire et disposez-les dans une assiette.

Pochez les pavés de saumon dans le bouillon pendant 6 minutes à feu doux, sans faire bouillir (le saumon se rétracterait).

Servez dans l'assiette le saumon et les écrevisses, arrosez d'une bonne louche de nage avec les carottes et les oignons, puis déposez au centre 1 cuillère à café de caviar.

Si vous désirez réaliser une version plus élaborée de cette recette, vous pouvez réduire la nage jusqu'à l'obtention d'une consistance plus épaisse et ajouter un morceau de beurre en fin de réduction. }

'est l'ambassadeur de luxe du Pays basque, son plus bel allié, son meilleur emblème. « Car, au fond, il est indissociable de ses habitants, déclare Christian Constant. On ne l'oublie pas. On l'emporte toujours avec soi. Il fait partie de la famille. Il a du caractère, du cœur, il est vaillant, généreux, rempli d'amour. Il croque la vie à pleines dents. Il se relève des coups durs et s'accommode avec tout. » Le piment d'Espelette, ça vous parle ? Bien sûr ! Chacun d'entre vous connaît son nom, l'a déjà croisé au moins une fois dans son assiette. Mais le plus fou dans tout ça, c'est quand on passe à la question qui fâche : « Savez-vous où se trouve Espelette ? » À en juger par ce silence pesant, mieux vaut vous donner la réponse. Tout en bas, à l'extrême gauche de la carte de France, dans les Pyrénées-Atlantiques. Pour les mordus de recensements, le village compte moins de 2 000 âmes. Pour la suite, il n'y a plus qu'à mettre les pieds sous la table. À se délecter de sa couleur, de son parfum, de sa forme atypique. « Il n'est pas là pour faire joli, mais pour donner de la joie à votre palais »,

Le piment d'Espelette

L'AOC (devenue AOP) « Piment d'Espelette » obtenue en 1997 en fait un produit d'exception : un terroir spécifique, une récolte entièrement manuelle d'août à décembre, un séchage méticuleux… Qu'elle soit en poudre ou en corde, cette épice, que tous les chefs adorent, est fêtée chaque année au mois d'octobre.

« Il n'est pas là pour faire joli, mais pour donner de la joie à votre palais. »

insiste Christian Constant. En morceaux, entier ou en poudre, peu importe sa forme, il vous apportera l'ivresse. De la salade de tomate – en été, bien sûr, pour respecter la saison ! – jusqu'aux fraises, en passant par les terrines, l'omelette, la ratatouille, le cabillaud, la morue, le bœuf… les variations ne manquent pas. Vous reprendrez bien un peu de littérature pour finir ? Dans son célèbre *Ramuntcho*, Pierre Loti écrivait en 1897 : « Les maisons émergeaient çà et là des arbres. Et partout sur leurs balcons de bois, séchaient les citrouilles jaune d'or, les gerbes de haricots roses ; partout sur leurs murs s'étageaient comme de beaux chapelets de corail des guirlandes de piments rouges ! » Ça donne envie de filer à Espelette le dernier week-end d'octobre pour célébrer la fête de la star du village. Et même de prolonger le périple jusqu'à Anglet pour découvrir son cousin germain, vert et plus doux, qui sert à faire la piperade.

Merlu frit à l'ail,
tomates et piment d'Espelette

Préparation : 20 minutes
Cuisson : 20 minutes
Pour 6 personnes

6 pavés de merlu de 140 à 160 g chacun
1 grappe de tomates cerises
11 gousses d'ail
Fleurs de thym
1 demi-feuille de laurier
Huile d'olive
1 assiette de farine
2 œufs
Piment d'Espelette
20 cl de vinaigre de Xérès
1 bouquet de persil
Fleur de sel

Lancez la cuisson de l'accompagnement (pommes vapeur ou riz blanc).
Mettez les tomates cerises à cuire dans un plat à four en conservant les pédoncules. Ajoutez 1 gousse d'ail écrasée, quelques brins de thym et la demi-feuille de laurier émiettée. Arrosez d'huile d'olive, parsemez de fleur de sel, puis laissez cuire pendant 12 minutes.

Passez les pavés de merlu dans la farine (côté peau uniquement). Ôtez l'excédent de farine, puis trempez-les dans les œufs battus en omelette et assaisonnés de sel et de piment d'Espelette.
Cuisez le poisson à l'huile d'olive dans une poêle sur feu très doux, en l'arrosant sans arrêt à la cuillère (ne le tournez pas) pendant 5-6 minutes.
Retirez les pavés de la poêle et retournez-les sur un plat de service, panure sur le dessus.

Faites frire les autres gousses d'ail émincées à l'huile d'olive sur feu doux pendant 1 minute 30. Versez alors le vinaigre de Xérès dans la poêle, portez à ébullition et laissez légèrement réduire.

Sortez les tomates cerises du four dès qu'elles commencent à se friper et disposez-les autour du poisson.
Ajoutez le persil haché dans la sauce au vinaigre et versez immédiatement celle-ci sur le merlu et sa garniture.
Présentez ce plat accompagné des pommes vapeur ou de riz blanc.

La cueillette du safran a lieu aux mois d'octobre et de novembre, à l'heure où les paysages du Quercy s'habillent de brumes automnales.

’est un partenaire au parfum envoûtant qui ravit les pupilles. De lui, on retient généralement son jaune orangé, proche du coucher de soleil, qui donne son ton étincelant à la paella. Pourtant, dans sa première vie, ce cœur d'or grandit dans une fleur bleu mauve. Le safran du Quercy, dans le Lot, est un imprévisible qui se récolte au début de l'automne, en octobre. Il (se) donne peu. Une petite nature fragile. Un véritable capricieux. Imaginez un peu : 200 000 fleurs pour faire 1 kilo de poudre ! Ça fait cher l'addition ! Un prix à vous faire tourner la tête. Mais quelques milligrammes suffisent amplement à démontrer toute l'étendue de sa personnalité. « C'est un orgueilleux qui nous en fait voir de toutes les couleurs », s'amuse Christian Constant. Il faut chercher à le comprendre, à l'apprivoiser, à l'appréhender. « Il vous anime un plat, vous l'enflamme, vous l'éclaire », poursuit-t-il. À condition de savamment doser cette « perle rare », d'avoir la main, le doigté, au moment de parsemer ses fabuleux pistils. « C'est un équilibre. Plus vous en mettez, plus vous avez l'impression d'être généreux, moins ça sera bon ! Un soupçon, voilà le secret. » Celui de Christian Constant se trouve notamment dans sa fameuse crème vanille où il dissémine du safran. Magique, pourrait témoigner la petite cuillère. « Il faut oser avec lui, il saura vous remercier », affirme-t-il. Comme lorsque, durant son apprentissage, il badigeonnait avec le safran des ballotines remplies de foie gras truffé. « À tomber par terre ! » On ne le contredira pas.

« Il vous anime un plat, vous l'enflamme, vous l'éclaire. »

Le safran
du
Quercy

Poêlée de cheveux d'ange au bouillon de crustacés et safran

Préparation : 40 minutes
Cuisson : 40 minutes
Pour 6 personnes

400 g de vermicelles cheveux d'ange
6 langoustines
200 g d'encornets
1 poivron rouge
1 poivron vert
2 gousses d'ail
800 g de lotte
6 grosses gambas
30 moules
2 échalotes
2 oignons
200 g de chorizo découpé en bâtonnets
Huile d'olive

Mayonnaise à l'ail :
25 cl d'huile de pépins de raisin
2 jaunes d'œufs
1 cuillère à soupe de moutarde
1 cuillère à soupe de vinaigre de vin
3 gousses d'ail écrasées
Sel
Poivre

Bouillon de crustacés :
1 l de fond de volaille
(préparé avec un fond déshydraté)
50 cl de fond de crustacés
(préparé avec un fumet déshydraté)
1 oignon
6 gousses d'ail
2 cuillères à soupe de concentré de tomate
1 branche de thym
1 demi-feuille de laurier
Quelques pistils ou 2 doses de safran
Sel
Poivre concassé

Ustensile :
Une poêle à paella

Pour le bouillon de crustacés, faites revenir à l'huile d'olive l'oignon émincé et les gousses d'ail pelées et hachées sans coloration. Ajoutez le concentré de tomate, le thym et le laurier, puis prolongez la cuisson durant 30 secondes pour enlever l'acidité de la tomate. Mouillez avec le fond de volaille et le fond de crustacés. Assaisonnez de sel et de poivre concassé. Portez à ébullition, écumez et laissez cuire à petits bouillons pendant 30 minutes. Passez ensuite ce jus au chinois.

Ôtez le boyau noir des langoustines (sous la nageoire caudale). Découpez la lotte en 12 morceaux et les encornets en anneaux. Épépinez, puis découpez en lanières les poivrons. Pelez, puis écrasez les gousses d'ail à la fourchette.

Dans la grande poêle à paella, faites saisir sur feu vif dans l'huile d'olive les morceaux de lotte, les anneaux d'encornets, les langoustines, puis rapidement les gambas. Réservez. Dans les sucs de la poêle, faites suer sans coloration les oignons et les échalotes hachés avec les gousses d'ail écrasées, les lamelles de poivrons et les bâtonnets de chorizo. Arrosez généreusement d'huile d'olive.

Jetez en pluie dans la poêle très chaude les vermicelles cheveux d'ange et faites-les revenir en remuant jusqu'à l'obtention d'une coloration brun clair. Mouillez avec le bouillon préparé, puis portez à ébullition. Introduisez les moules — pied vers le fond de la poêle —, puis laissez mijoter jusqu'à l'absorption quasi-totale du liquide.

Déposez la garniture réservée, couvrez le plat d'une feuille de papier aluminium le temps de laisser gonfler les vermicelles et de laisser les moules s'ouvrir. Servez aussitôt, accompagné d'un grand bol de mayonnaise à l'ail.

Piquillos farcis
à la morue, chorizo, sauce safran du Quercy

Salage : 2 heures
Dessalage : 20 à 30 minutes
Préparation : 35 minutes
Cuisson : 45 minutes
Pour 6 personnes

1 boîte de piquillos (18 à 24 pièces)
1 kg de cabillaud
150 g de chorizo doux
3 gousses d'ail
1 l de crème liquide
10 pistils de safran
Huile d'olive
Fond blanc de volaille (facultatif)
Piment d'Espelette
Gros sel
Sel fin

Préchauffez le four à 160 °C (th. 5-6)

Enlevez toutes les arêtes du cabillaud et mettez-le à saler
sous une couche de gros sel (peau en dessous) dans un plat en Inox
pendant au moins 2 heures.
Dessalez-le ensuite sous un petit filet l'eau froide pendant
20 minutes. Égouttez, puis séchez le poisson. Détaillez-le en petits
cubes et mettez-le à cuire à feu doux avec les gousses d'ail pelées
et dégermées dans la crème liquide pendant 30 minutes.
Passez la préparation au chinois. Réservez la crème
dans une casserole.

Coupez le chorizo : la moitié en petits dés et le reste en bâtonnets.
Écrasez le cabillaud cuit dans un cul-de-poule ou un saladier
en y introduisant les dés de chorizo.

Faites infuser les pistils de safran dans la crème et laissez mijoter
celle-ci le temps de farcir les piquillos avec le cabillaud.

Mettez à cuire pendant 10 minutes les piquillos farcis arrosés
d'un filet d'huile d'olive et d'un peu de fond blanc de volaille
si vous en avez.
Glacez-les ensuite généreusement avec la sauce au safran, parsemez
de bâtonnets de chorizo avant de les servir bien chauds.

Pour gagner du temps, vous pouvez
remplacer la brandade « maison »
par une brandade du commerce
en l'améliorant avec de l'ail et du persil
préalablement revenus dans de l'huile
d'olive et une 1 cuillerée de crème épaisse.
Le fond blanc peut se préparer
avec 25 cl d'eau et un 1 bouillon Kub®.

}

L e Sud-Ouest est une fête. Une fête de couleurs, d'odeurs, de saveurs, de douceurs, de décibels… Les cinq sens y sont sollicités. Il n'y a qu'à déambuler au travers des étals des marchés au gras pour s'en persuader. Une tradition dans la tradition. De Dax à Peyrehorade en passant par Villeneuve-de-Marsan, Samatan, Castelsarrasin, Agen… pas un automne ne se passe sans qu'on déroule le tapis rouge aux canards. Peu importe le jour de la semaine, pourvu qu'on soit armé de sa glacière qui servira à protéger le foie de l'animal. La ruée vers l'or avec ses peurs, ses doutes, ses joies et ses peines quand les portes des halles s'ouvrent ! Pour décrocher le gros lot, mieux vaut arriver tôt ! En quelques minutes, ce sont plusieurs tonnes qui vont changer de main dans une véritable foire d'empoigne. « Le canard, chez nous, c'est sacré ! Il a une signification importante. Il se retrouve au centre des attentions pour les fêtes de Noël, de la Saint-Sylvestre et de bien d'autres encore », se réjouit Christian Constant. Qu'il se rassure, il n'est

Le canard gras du Sud-Ouest

Choisir son canard sur le marché au gras, préparer le confit, déguster le foie gras en famille… Toute la convivialité du Sud-Ouest se retrouve dans sa gastronomie !

« Les magrets, le cou, les manchons, les aiguillettes, la demoiselle… rien ne se perd, tout se savoure. Ce serait un sacrilège d'en sacrifier un seul morceau. »

pas le seul à s'enthousiasmer. À son image, des foules entières peuplent les allées à la recherche de « l'élu » que tout le monde s'arrache. Et pas seulement pour son foie. Car chez ce volatile, tout est bon, comme dans le cochon. « Les magrets, le cou, les manchons, les aiguillettes, la demoiselle… rien ne se perd, tout se savoure. Ce serait un sacrilège d'en sacrifier un seul morceau. » Pour s'en convaincre, il suffit d'observer Christian Constant dévorer la peau croustillante laissée de côté par son voisin. « Je me battrais pour l'avoir. Alors quand il y a quelqu'un qui est sur le point de la mettre à la poubelle, ça m'agace ! » peste-t-il. Tout le contraire de sa grande amie Françoise, qui n'en laisse pas la moindre miette. Lorsqu'il descend dans le Tarn-et-Garonne, c'est chez elle qu'il se rend. « Elle fait partie de la famille. Je l'aide à préparer le repas, et ensuite on déjeune ou on dîne

en compagnie d'autres amis dans sa maison. » Car le canard rassemble au pays de l'ovalie. C'est un chantre du partage. Impossible de faire sans lui pour les grandes occasions : les baptêmes, les communions, les mariages. Son absence serait trop remarquée. « Quand on est beaucoup à manger, on fait du confit. On ne se lasse jamais de cet allié de circonstance. On se régale. Le plus drôle, c'est que l'on en prévoit souvent trop ; du coup, il en reste pour le lendemain. Croyez-moi, ça fait des heureux ! » Surtout en hiver, au coin du feu.

*Les canards du Sud-Ouest sont élevés
en liberté et avec la plus grande attention.
Un gage de qualité !*

Hamburger
de canard

Préparation : 1 heure
Cuisson : 15 minutes
Pour 6 personnes

6 petits pains à hamburger
1 foie gras de canard mi-cuit (de 120 g environ)
1 foie gras de canard cru (de 150 g environ)
2 magrets de canard
(de 300 à 400 g chacun)
50 g d'échalotes cisellées
20 g de beurre
10 câpres
12 cornichons
Persil haché
1 cœur de laitue ou 1 sucrine émincée
1 grosse tomate
2 oignons nouveaux
18 guindillas
(petits piments verts au vinaigre)
Sel
Poivre

Sauce tartare :
1 jaune d'œuf
1 grosse cuillère à soupe de moutarde
1 cuillère à soupe de vinaigre de vin
25 cl d'huile d'arachide
20 g de câpres
20 g de cornichons
10 g de cerfeuil
10 g de persil
10 g d'estragon
1 grosse pincée de sel
3 tours de moulin à poivre

Dégraissez les magrets et hachez-les à la grosse grille ou au couteau.
Coupez le foie mi-cuit en petits dés.

Dans une casserole, faites confire les échalotes avec le beurre, sans
les colorer. Mélangez le magret, le foie gras et les échalotes, puis
ajoutez les câpres et les cornichons coupés en petits dés,
le persil haché, le sel et le poivre.
Formez 6 steaks à l'aide d'un emporte-pièce, puis réservez-les
au frais.

Pour la sauce tartare, préparez une mayonnaise avec le jaune d'œuf,
la moutarde, le sel dilué dans le vinaigre de vin, le poivre et l'huile
d'arachide.
Hachez les câpres, les cornichons, le cerfeuil, le persil et l'estragon,
puis mélangez-les à la mayonnaise.

Faites dorer les pains coupés en deux sous le grill du four.
Coupez le foie gras en tranches. Poêlez celles-ci rapidement
dans une poêle chaude et sèche, puis réservez.
Dans le gras rendu, faites cuire les steaks pendant 5-6 min.

Sur le pain toasté, étalez une couche de sauce tartare, un peu
de laitue ciselée, la tomate et les oignons en rondelles,
et les guindillas émincés.
Posez 1 steak, puis 1 tranche de foie gras et enfin le couvercle
du pain. Maintenez le tout avec une pique en bois surmontée d'une
guindilla.

S'il vous reste de la farce,
utilisez-la pour réaliser des boulettes
à la truffe (p. 34).

Garbure béarnaise

Trempage : 12 heures (la veille)
Préparation : 30 minutes
Cuisson : 1 heure 30
Pour 6 personnes

500 g de chou vert
150 g de jambon cru (talon de jambon
de Bayonne ou poitrine demi-sel)
6 cuisses de canard confites
1 saucisse de couenne (150 g)
250 g de haricots blancs secs
300 g de carottes
200 g d'oignons
1 bouquet garni
350 g de pommes de terre
300 g de navets
250 g de poireaux
3 gousses d'ail
1 cuillère à soupe de graisse d'oie (facultatif)
Sel
Poivre

La veille, mettez le jambon et les haricots à tremper dans de l'eau froide.

Le jour même, plongez les haricots dans une casserole d'eau froide avec quelques rondelles de carottes, 1 oignon et le bouquet garni. Laissez frémir pendant 1 heure environ.

Pelez et coupez en morceaux les pommes de terre, les navets, les carottes, les oignons restants et les poireaux. Pelez les gousses d'ail et coupez-les en deux.

Dans une grande cocotte, faites revenir le jambon, les cuisses de canard et la saucisse de couenne. Ajoutez 1 cuillère à soupe de graisse d'oie si nécessaire.
Versez ensuite successivement les oignons, l'ail, les carottes, les navets et les poireaux. Faites-les revenir pendant 10 minutes.
Versez 2,5 l d'eau et portez à ébullition.
Ajoutez les pommes de terre et le chou. À la reprise de l'ébullition, poursuivez la cuisson pendant 20 minutes. Couvrez et laissez en attente.
Quand les haricots sont cuits, égouttez-les et mettez-les dans la cocotte avant de servir. Goûtez et rectifiez l'assaisonnement.

Servez avec des tranches de pain grillées frottées à l'ail.

Alouettes de canard
farcies au foie gras

Préparation : 1 heure
Cuisson : 2 heures
Pour 6 personnes

Alouettes :
3 magrets de canard
300 g de foie gras de canard mi-cuit
100 g de farine
6 œufs
300 g de chapelure
100 g de beurre
50 g d'huile d'arachide
Sel
Poivre

Garniture et sirop de poire :
400 g de pommes de terre rattes assez grosses
3 poires
1 bouteille de vin rouge
1 étoile de badiane
1 bâton de cannelle
100 g de sucre
5 grains de poivre

Sauce au porto :
50 cl de porto
1 l de fond de veau
25 cl de vinaigre de Xérès
50 g de beurre

Dégraissez les magrets et taillez-les en deux dans le sens de l'épaisseur. Détaillez le foie gras en bâtonnets de 50 g. Déposez chaque tranche de magret sur une feuille de film alimentaire. Salez et poivrez. Mettez un bâtonnet de foie gras sur chaque tranche de magret, puis roulez-les de façon à former une ballottine avec le film. Faites cuire les ballottines à l'eau chaude à peine frémissante (70 °C environ) pendant 1 heure 30. En fin de cuisson, égouttez-les et refroidissez-les dans de l'eau glacée. Pendant la cuisson des magrets, préparez la garniture, le sirop de poire et la sauce au porto.

Lavez soigneusement les pommes de terre pour en éliminer la terre. Cuisez-les à l'eau salée (départ à l'eau froide). À partir de l'ébullition, comptez 12 minutes de cuisson (elles ne doivent pas être trop cuites car elles seront sautées par la suite). Égouttez-les.
Pelez les poires. Dans une casserole, mettez le vin rouge, la badiane, la cannelle, les grains de poivre et le sucre. Portez à ébullition, puis plongez les poires dans ce sirop. Laissez cuire pendant environ 15 minutes, puis égouttez. Elles doivent être fondantes, mais garder une certaine tenue (elles seront sautées par la suite).

Préparez 1 l de fond de veau avec du fond déshydraté. Faites réduire le vinaigre de Xérès jusqu'à l'obtention d'une consistance sirupeuse. Ajoutez le porto et laissez réduire encore. Mouillez avec le fond de veau et continuez à laisser réduire. Rectifiez l'assaisonnement. Ajoutez un peu de beurre avant de servir.

Dans 3 assiettes creuses, mettez la farine, les œufs battus et la chapelure. Ôtez le film alimentaire entourant les ballotines. Roulez-les dans la farine, puis les œufs et enfin la chapelure. Répétez l'opération deux fois.
Taillez les pommes de terre en forme de grosses frites et les poires en 6 morceaux après avoir enlevé leur cœur. Faites sauter les pommes de terre et les poires dans un beurre mousseux.
Dans une autre poêle, faites chauffer l'huile d'arachide avec 50 g de beurre, puis cuisez les alouettes jusqu'à ce qu'elles soient dorées pour obtenir une belle croûte.
Dans une assiette, dressez la garniture au milieu, déposez 2 morceaux d'alouettes taillés en biseaux. Rectifiez l'assaisonnement. Entourez d'un cordon de sauce et servez.

Pithiviers de canard

Préparation : 20 minutes
Cuisson : 25 minutes
Pour 6 personnes

2 rouleaux de pâte feuilletée
500 g de magret de canard dégraissé
200 g de foie gras de canard mi-cuit
400 g d'oignons
60 g de beurre
200 g de chair à saucisse
3 œufs
10 cl de crème fraîche
5 cl de cognac
2 cuillères à soupe de persil haché
10 g de sel
3 g de poivre

Préchauffez le four à 210 °C (th. 7).

Passez au hachoir grosse grille (n° 3) la chair de 350 g de magret sans la peau ou hachez-le au couteau.
Coupez en gros dés le foie gras et les 150 g de magret restants.
Émincez les oignons. Faites-les suer dans une poêle avec du beurre.
Dans un saladier, mélangez le magret haché, la chair à saucisse, les dés de magret et de foie gras, les oignons cuits, 2 œufs entiers, la crème, le cognac et le persil haché. Salez, poivrez, puis malaxez bien la farce à la main.

Étalez le premier rouleau de pâte dans un plat à tarte. Garnissez-le de farce jusqu'à 1,5 cm du bord. Recouvrez avec le second rouleau de pâte.
Dorez avec le troisième œuf battu en soudant bien les deux pâtes.
Faites cuire au four pendant 7 minutes, puis ramenez la température à 180 °C (th. 6) pendant 14 minutes.
Servez chaud.

Cette tourte peut être servie chaude en entrée, avec une petite salade ou bien en plat avec une purée de pommes de terre, accompagné d'un reste de jus de volaille.

l connaît la recette par cœur : « 600 g de porc maigre, 250 g de poitrine fraîche de porc, 10 g de sel, 2 g de poivre gris moulu et un verre de vin blanc. Ensuite, vous n'avez quasiment plus rien à faire », soutient Christian Constant... Rien n'est moins sûr ! Au contraire, c'est à partir de là que l'affaire se complique. Après avoir passé le hachoir à grille, on n'enfile pas une saucisse de Toulouse dans son boyau comme on enfile des perles. Loin de là. Il faut avoir le coup (de main) et surtout le(s) bon(s) tuyau(x) pour l'encercler à l'ancienne. Car c'est une sacrée histoire pour l'emprisonner ! Il faut la capturer tout en la laissant respirer : « Elle doit avoir un peu de mobilité dans son

Il faut avoir le coup (de main) et surtout le(s) bon(s) tuyau(x) pour l'encercler à l'ancienne.

habit. Si elle est trop serrée, elle explosera à la cuisson. Il est vrai que ça demande pas mal de technique et de pratique », concède-t-il. Si vous êtes arrivé jusque-là sans dommages collatéraux, vous êtes sur la bonne voie. Il ne vous reste plus qu'à la piquer avec une fourchette et à la poêler avec de la graisse d'oie. Et que choisirait Christian Constant pour ne pas laisser orpheline sa saucisse de Toulouse ? « Des haricots tarbais, bien sûr ! Ce sont des louis d'or. » Du même acabit, on connaît aussi le haricot maïs, spécialité du Béarn, qui pousse au pied des plants de maïs qui lui servent de tuteur naturel. Christian Constant les mêlerait avec quelques pommes de terre et carottes légèrement écrasées sur le dessus, et les arroserait d'huile d'arachide et d'une pointe de vieux vinaigre pour les relever. « Ce n'est pas bon pour ma ligne, mais je ne peux pas me passer de cette spécialité », enrage-t-il. On n'oubliera pas de rappeler que la saucisse et les haricots sont les ingrédients principaux du cassoulet dont Christian Constant propose une interprétation dans son restaurant Le Bibent, à Toulouse. On a hâte de goûter !

La saucisse & le haricot

Saucisse de Toulouse, haricot tarbais, haricot maïs du Béarn : des produits qui cohabitent merveilleusement, en particulier dans le cassoulet. Mais laissez-vous tenter par une saucisse de chez Garcia, grillée au barbecue…

Cassoulet du Bibent

Préparation : 1 heure
Cuisson : 2 heures
Pour 6 personnes

1 kg de haricots blancs frais
ou 600 g de haricots maïs béarnais secs
(égouttés après trempage)
1 petite épaule d'agneau désossée
1 cuillère à soupe d'huile d'arachide
2 cuillères à soupe de concentré de tomate
600 g de saucisse de Toulouse
200 g de graisse d'oie
600 g de rôti de porc dans l'échine
200 g d'oignons
6 gousses d'ail
1 kg de tomates concassées
(du commerce ou voir recette p. 24)
Fleur de thym
3 cuisses de canard confites
1 demi-botte de persil haché
100 g de chapelure
Sel
Poivre du moulin

Garniture :

250 g de poitrine demi-sel
250 g de couenne confite ficelée
ou 1 saucisson de couenne
250 g de saucisson à cuire ou à l'ail
1 oignon piqué d'un clou de girofle
2 carottes
1 bouquet garni
Sel fin

Préchauffez le four à 180 °C (th. 6).

Mettez à cuire les haricots dans une casserole avec la garniture. Recouvrez d'eau. Portez à ébullition et faites cuire à feu doux pendant 1 heure. Réservez dans le bouillon de cuisson (les haricots ne doivent pas être craquants une fois cuits).

Dans une cocotte, faites chauffer un peu d'huile et mettez à cuire l'agneau coupé en dés de 3-4 cm. Faites-les caraméliser sur toutes leurs faces. Recouvrez d'eau la viande d'agneau et ajoutez 1 cuillère à soupe de concentré de tomate. Assaisonnez de sel et de poivre, puis faites cuire à petits bouillons pendant 45 minutes.

Faites rissoler la saucisse doucement à la poêle dans 1 cuillère à soupe de graisse d'oie.
Enfournez le rôti de porc pour 45 minutes. Laissez-le refroidir et conservez son jus.

Ciselez les oignons, hachez les gousses d'ail et coupez la couenne confite en rondelles (en ôtant la ficelle). Faites revenir et laissez compoter le tout dans une cocotte avec 3 cuillères à soupe de graisse d'oie.
Ajoutez la concassée de tomate et le concentré de tomate restant, la fleur de thym et les haricots blancs égouttés. Mouillez avec le jus de cuisson de l'agneau, le jus du rôti de porc ainsi qu'un peu de jus de cuisson des haricots. Laissez cuire à feu très doux pendant 10 à 15 minutes. En fin de cuisson, ajoutez le persil haché.
Faites chauffer les cuisses de canard et laissez fondre le gras (que vous garderez).

Dans un plat profond en terre, allant au four, disposez les haricots confits, les morceaux d'agneau, la poitrine coupée en morceaux, le saucisson coupé en rondelles, le rôti de porc en tranches, les cuisses de canard et la saucisse détaillée en morceaux.
Saupoudrez de chapelure et arrosez d'un filet de graisse de canard réservée. Passez le plat au four à 200 °C (th. 7) pendant 8 minutes environ pour obtenir une belle coloration.
Servez très chaud.

Chou farci au foie gras
et saucisse de Toulouse

Préparation : 1 heure
Cuisson : 3 heures
Pour 6 personnes

1 gros chou vert ou 2 petits
1 lobe de foie gras de canard mi-cuit
1 kg de chair à saucisse de Toulouse
200 g de carottes
400 g d'oignons
100 g de beurre
2 gousses d'ail
Thym
Laurier
Huile
2 œufs
10 cl de lait
200 g de mie de pain rassis
1 bouquet de persil haché
50 cl de fond de veau
(maison ou préparé avec un fond déshydraté)

Ébouillantez le chou et blanchissez-le pendant 1 minute.
Égouttez-le sur un torchon et conservez les grosses feuilles vertes
pour « l'emballage ». Émincez le cœur et les feuilles jeunes
pour préparer une embeurrée.

Pelez et taillez en brunoise (en petits dés) les carottes et les oignons.
Faites fondre le beurre avec l'ail haché, ajoutez le thym et le laurier,
puis faites revenir les carottes, la moitié des oignons et le chou
émincé. Faites compoter à feu doux pendant 1 heure.

Faites doucement suer à l'huile les oignons restants.
Mélangez la chair à saucisse avec les œufs battus, la mie de pain
trempée dans le lait, puis essorée, les oignons et le persil haché.
Rectifiez l'assaisonnement.

Préchauffez le four à 140 °C (th. 5).
Tapissez le fond d'un grand saladier de film alimentaire en le laissant
bien déborder. Disposez contre les parois les feuilles vertes du chou
bien essorées en les laissant déborder aussi.
Étalez sur le fond et les parois du moule une bonne couche de farce,
en pressant bien pour la faire adhérer au chou. Étalez une couche
d'embeurrée de la même manière. Recouvrez de lamelles de foie
gras. Répétez cette opération en finissant par une couche de farce.
Rabattez les feuilles de chou sur la farce, puis le film alimentaire
en appuyant fortement.
Démoulez le chou sur un plat à four (en ôtant le papier !).
Enfournez-le pour 2 heures en l'arrosant dès le début, puis
régulièrement en cours de cuisson, de quelques cuillères de fond
de veau préparé.

Présentez le chou farci entier dans un grand plat de service
ou dans un plat à four.

Les poulets « cous nus » de M. et Mme Dublanc ont toute la forêt des Landes pour gambader et sont nourris au maïs cultivé dans le département. On sait ainsi pourquoi les volailles fermières des Landes ont obtenu le premier Label rouge de France en 1965.

Plus qu'un emblème, c'est une véritable mascotte, avec ces symboles qui lui collent à la crête ! « Pour moi, c'est le cocorico, la cocotte, le rugby, la France… » Voilà les premiers mots qui sortent de la bouche de Christian Constant quand il évoque la volaille. Avant qu'il ne s'empresse d'ajouter : « J'allais oublier les Landes ! Si je n'en parle pas, qui va le faire ? » Certainement pas les gallinacés, qui passent leur temps à se dégourdir les pattes en plein air, à courir dans les champs,

« *Une bonne volaille doit être jaune, ferme, grasse, charnue. On doit deviner qu'elle a bien galopé.* »

à se nourrir d'herbe et de grain de maïs, et à rentrer dans leur cahute à la nuit tombée. Christian Constant apprécie particulièrement les cous nus qui, comme leur nom l'indique, se reconnaissent à leur cou sans plumes. « Une bonne volaille doit être jaune, ferme, grasse, charnue. On doit deviner qu'elle a bien galopé », souligne-t-il. La suite se passe le dimanche midi dans sa maison de campagne, sur un torchon et sous la peau du volatile. Il y glisse du beurre et du persil, ajoute autour du thym, du laurier, un peu d'ail, un oignon coupé en quatre, des carottes et des pommes de terre. Une petite heure de cuisson pour le rôtir, et il n'y a alors plus qu'à verser le bon jus déglacé dessus avant d'entamer les hostilités. Direction la cuisse, le gras de cuisse et l'aileron pour Christian Constant. « C'est ma partie préférée depuis que je suis gamin. Il n'existe rien de plus moelleux et de plus fondant. » Ensuite, il attrape en douce le sot-l'y-laisse. « C'est le morceau de chair très fine qui se situe de chaque côté de la carcasse au-dessus du croupion, assez peu apparent pour que "le sot-l'y-laisse" par ignorance. Je suis un vrai égoïste. Tant mieux pour moi que personne ne sache que ça existe ! » Désormais, il ne pourra plus garder son secret pour lui…

Le poulet fermier des Landes

Poule au pot

Préparation : 40 minutes
Cuisson : 40 minutes
Pour 6 personnes

2 poulettes des Landes (1,2 kg environ) vidées par le volailler (réservez le foie pour le farci)
6 mini-fenouils
8 pommes de terre
6 carottes
4 navets moyens
6 poireaux
1 céleri branche
6 oignons moyens
1 bouquet garni
Sel
Fleur de sel
Poivre en grains

Petit farci :
200 g de chair à saucisse
2 œufs battus
3 tranches de pain rassis trempées dans du lait
1 gousse d'ail hachée
1 cuillère à soupe de persil haché
1 foie de volaille haché
Sel
Poivre

Sauce suprême :
50 g de beurre
50 g de farine
25 cl de bouillon de la poule
3 cuillères à soupe de crème fraîche
1 jaune d'œuf
1 jus de citron
Sel
Poivre

Épluchez les légumes.

Bridez les poulettes avec de la ficelle. Mettez-les dans une grande marmite d'eau froide. Portez à ébullition. Écumez, puis ajoutez les légumes et le bouquet garni. Salez, poivrez avec quelques grains, portez à ébullition puis baissez le feu et cuisez doucement pendant 40 à 45 minutes (un feu trop fort ferait éclater la poule).

Servez dans la cocotte avec les légumes autour.

Assaisonnez de fleur de sel et de poivre du moulin.

Le « plus » du chef :

Pour personnaliser cette poule classique, réalisez rapidement un petit farci. Mélangez tous les ingrédients. Roulez la farce dans du papier aluminium et formez un boudin que vous pocherez dans le bouillon 20 minutes avant la fin de la cuisson de la poule.

Préparez ensuite une sauce suprême, rapide et simple. Faites un roux en faisant fondre le beurre et en ajoutant la farine. Mouillez-le avec le bouillon. Laissez réduire un peu. Ajoutez la crème fraîche et liez la sauce, avant de servir, avec le jaune d'œuf et le jus de citron. Surtout, ne la faites pas bouillir pendant la liaison. Salez et poivrez.

Pour faire un bouquet garni, prenez une branche de céleri, des queues de persil, du thym, du laurier. Entourez de feuilles de poireaux et ficelez le bouquet. Après avoir mis à cuire les légumes, comptez 40 à 45 minutes de cuisson à partir de l'ébullition.

Cocotte de légumes
pour lendemain de fête

Préparation : 30 minutes
Cuisson : 20 minutes
Pour 6 personnes

12 carottes fanes
12 asperges vertes
12 mini-navets
12 oignons nouveaux
150 g de févettes
150 g de haricots verts
150 g de pois gourmands
6 mini-fenouils
6 petits artichauts violets
12 mini-poireaux
Un verre d'huile d'olive de bonne qualité
Piment d'Espelette
Sel
Fleur de sel
Poivre

Pelez les carottes fanes (en conservant un petit bout vert), les asperges, les navets et les oignons (en gardant aussi la tige verte). Écossez les petits pois et les févettes. Équeutez les haricots verts et effilez les pois gourmands. Ôtez les premières feuilles des fenouils, des artichauts et des poireaux.

Faites cuire à l'anglaise (dans de l'eau bouillante salée) tous les légumes séparément :

- asperges, poids gourmands, haricots verts, poireaux, petits pois, oignons nouveaux : 7-8 minutes
- carottes fanes et navets : 12 minutes
- artichauts et fenouils : 14 minutes
- févettes : 1 minute (seulement !)

Égouttez-les tous à l'aide d'une écumoire, puis rassemblez-les dans un plat creux.
Arrosez-les généreusement d'huile d'olive, de fleur de sel et de piment d'Espelette.

« Ma partie préférée de l'agneau ? » Son long silence trahit son hésitation. Christian Constant préfère finalement ne pas se prononcer. « Ce serait un sacrilège de choisir celui-là plutôt qu'un autre, parce que je raffole de chaque morceau. Entre le gigot, l'épaule, le carré, la souris, la selle, les rognons, le foie, la cervelle, le collier, les pieds… je ne peux pas me décider ! » Nous y voilà, le gourmand est de sortie, comme les agneaux dans les pâturages des Pyrénées. Les coutumes ancestrales perdurent dans les montagnes et cela suffit au bonheur de Christian Constant. Lui ne tarit pas d'éloges lorsqu'il rencontre à Hasparren, au Pays basque, un éleveur de 22 ans qui a pris la relève de ses aïeux. « C'est merveilleux, une telle passion et un tel amour chez un jeune. Rien ne pourrait exister sans la transmission. Cela signifie que l'histoire continue. » Elle prendra certainement bientôt une nouvelle tournure puisque 140 producteurs se sont rassemblés pour essayer de décrocher une IGP (Indication géographique protégée), tout comme l'ont fait auparavant les éleveurs d'agneaux du Quercy qui ont également obtenu le Label rouge. D'ici là, les agneaux ont encore un peu de temps pour se mettre au vert dans les massifs qui ont fait leurs beaux jours. Et Christian de préparer des côtes d'agneau Champvallon. Un bijou légèrement poêlé, puis mitonné au four avec des oignons confits revenus pendant plusieurs heures à la graisse d'oie, avec de l'ail et de la fleur de thym, et servi avec des pommes de terre sarladaises taillées en bouchons.

« Entre le gigot, l'épaule, le carré, la souris, la selle, les rognons, le foie, la cervelle, le collier, les pieds… je ne peux pas me décider ! »

L'agneau
des
Pyrénées

Les brebis de races pyrénéennes connaissent la montagne, font chaque année la transhumance et donnent naissance aux agneaux pendant l'automne en redescendant à la bergerie. L'agneau des Pyrénées est élevé dans des exploitations à taille humaine, telles que celle du jeune Pascal Elhuyar à Briscous, au Pays basque.

Agneau de lait
Champvallon

Préparation : 20 minutes
Cuisson : 1 heure 30
Pour 6 personnes

12 côtelettes d'agneau de 100 g environ
(dans le carré)
48 pommes de terre moyennes
800 g d'oignons
2 gousses d'ail
Fleur de thym
2 cuillères à soupe de persil haché
1 l de bouillon de volaille
6 cuillères à soupe d'huile d'arachide
200 g de graisse d'oie
1 noisette de beurre
Sel
Poivre

Préchauffez le four à 160 °C (th. 5-6)

Faites suer les oignons à l'huile avec 2 gousses d'ail hachées, puis laissez-les compoter pendant 10 minutes jusqu'à ce qu'ils deviennent transparents. Ajoutez la fleur de thym et le persil.

Préparez 1 l de bouillon de volaille.

Salez et poivrez les côtelettes, marquez-les rapidement à la poêle dans l'huile (tournez et retournez, le cœur de la viande ne doit pas être cuit).

Pelez et coupez les pommes de terre en fines rondelles de 2-3 mm d'épaisseur. Sans les avoir lavées au préalable, faites-les sauter dans la graisse d'oie et revenir sans coloration.
Égouttez-les, puis mélangez-les à la compotée d'oignon, salez et poivrez.

Disposez dans un plat à four carré une couche de mélange pommes de terre-oignons. Posez les côtelettes dessus. Recouvrez-les d'une nouvelle couche du mélange pommes de terre-oignons. Mouillez à hauteur avec le bouillon préparé. Recouvrez le plat de papier sulfurisé beurré et enfournez pour 1 heure 30.

Servez dans le plat de cuisson.

Pour éviter que les pommes de terre n'attachent entre elles, faites-les sauter par petites quantités et étalez-les bien dans le plat de cuisson.

Croustillant d'agneau
du Quercy à la mousseline de carotte

Préparation : 1 heure
Cuisson : 5-6 heures
Pour 6 personnes

3 colliers d'agneau
1 kg de carottes
Huile d'olive
8 gousses d'ail
3 oignons
6 échalotes
Ras el-hanout ou mélange 4 épices
2 cuillères à soupe de concentré de tomate
20 cl de vin blanc sec
2 l de fond de veau
1 botte de persil frais haché
1 botte de coriandre fraîche
1 cuillère à soupe de gingembre râpé
1 citron confit coupé en petits dés
50 g d'amandes effilées torréfiées à sec à la poêle
1 tasse de raisins de Corinthe réhydratés
1 paquet de pâte filo
100 g de beurre
30 cl de jus d'orange
2-3 pincées de cumin
Piment d'Espelette
Sel

Ustensile :
Une cocotte en fonte allant au four

Cette recette, dont la liste d'ingrédients est longue, est néanmoins facile à réaliser et délicieuse. L'idéal et le plus simple est de préparer la viande la veille. Pour donner de la couleur à votre plat, en saison, vous pouvez ajouter quelques fèves fraîches (faites-les cuire 1 minute à l'eau bouillante). 2 kg de collier permettent de réaliser 12 belles boulettes.

Préchauffez le four à 150 °C (th. 5).
Dans une cocotte, faites saisir à l'huile d'olive les colliers débités en morceaux. Retirez-les et dégraissez la cocotte. Dans les sucs, faites revenir l'ail, les oignons et les échalotes hachés. Rajoutez un peu d'huile d'olive si nécessaire, puis le ras el-hanout et le concentré de tomate. Mouillez alors avec le vin blanc et le de fond de veau. Placez la cocotte avec son couvercle dans le four et laissez cuire pendant 5-6 heures.
Quand la viande est bien défaite, passez-la au chinois et conservez le jus pour la sauce. Effilochez-la en ôtant tous les morceaux de cartilage et les petits os (veillez à ne pas en laisser). Assaisonnez-la de persil haché, de coriandre, de gingembre râpé, de citron confit, d'amandes torréfiées et de raisins de Corinthe, puis confectionnez à la main des boulettes de viande de 100 à 120 g environ. Réservez-les au frais dans du film alimentaire.

Faites fondre 50 g de beurre.
Étalez la pâte filo sur le plan de travail. Coupez la plaque en deux. Prenez 1 demi-feuille et badigeonnez-la de beurre fondu au pinceau. Recouvrez-la d'une autre demi-feuille et posez au centre une boulette de viande un peu émiettée pour qu'elle se réchauffe plus facilement. Remontez les côtés des feuilles filo de façon à former des aumônières en conservant une ouverture au centre pour pouvoir verser la sauce au moment de servir.

Réchauffez et faites réduire le jus réservé.
Faites cuire 1 kg de carottes le jus d'orange et l'eau pendant 35 minutes. Égouttez, mixez, ajoutez du cumin, du sel, du piment d'Espelette et 50 g de beurre.

Enfournez les aumônières sur une plaque recouverte de papier sulfurisé pour 8 à 10 minutes, le temps qu'elles prennent une jolie couleur dorée et que la viande se réchauffe.

Étalez un cercle de purée de 3 cm d'épaisseur au fond de l'assiette. Posez 1 aumônière au milieu, puis versez le jus d'agneau chaud et réduit au centre de l'aumônière et tout autour de la purée de carotte.

Parmentier
d'agneau

Préparation : 1 heure
Cuisson : 5-6 heures
Pour 6 personnes

Agneau :
1 épaule d'agneau ou 1,5 kg de collier
Huile d'olive
1 tête d'ail coupée en deux
2 oignons émincés
2 branches de thym
1 l de fond blanc déshydraté
50 g de beurre
Sel
Poivre

Compotée de tomate :
6 tomates mondées et concassées
2 oignons ciselés
2 cuillères à soupe d'huile d'olive
2 gousses d'ail écrasées
1 branche de thym
Sucre
Sel
Poivre

Caviar d'aubergine :
6 aubergines
Huile d'olive
2 gousses d'ail hachées
1 pincée de cumin
Piment d'Espelette
Sel

Écrasée de pommes de terre :
1 kg de pommes de terre bintje
250 g de beurre
Piment d'Espelette
Vinaigre de Xérès
1 pincée de gros sel

Pour tapisser le plat :
2 aubergines
1 gousse d'ail
1 filet d'huile d'olive
Parmesan râpé

Préchauffez le four à 150 °C (th. 5).
Assaisonnez l'agneau coupé en morceaux et faites-le colorer dans une cocotte avec de l'huile d'olive. Retirez la viande et faites revenir l'ail, les oignons et le thym sur feu doux. Ajoutez alors le fond de veau. Portez à ébullition. Couvrez avec une feuille de papier sulfurisé et un couvercle, puis enfournez pour 4 heures (si épaule) ou 6 heures (si collier) en arrosant régulièrement. Vérifiez la cuisson avec la pointe d'un couteau : il ne doit y avoir aucune résistance. Ôtez la viande de la cocotte à l'aide d'une écumoire, effilochez-la (ôtez bien les cartilages si c'est du collier) et réservez-la. Passez le jus de cuisson au chinois, faites-le réduire de moitié et incorporez le beurre. Rectifiez l'assaisonnement et réservez.

Réalisez la compotée de tomate pendant la cuisson de l'agneau. Dans une cocotte, faites suer les oignons avec un filet d'huile d'olive, l'ail et le thym. Ajoutez les tomates avec 1 pincée de sel et de sucre. Cuisez à feu doux jusqu'à l'obtention d'une consistance sans liquide. Rectifiez l'assaisonnement et réservez.

Coupez 6 aubergines en deux, salez-les et arrosez-les d'un filet d'huile d'olive, puis mettez-les au four à 160 °C (th. 5-6). Après 35 minutes, récupérez la pulpe des aubergines et égouttez-la dans une passoire. Ajoutez l'ail haché, du sel, du cumin et du piment d'Espelette.
Taillez les 2 autres aubergines en tranches de 0,5 cm d'épaisseur, dorez-les à la poêle dans un filet d'huile d'olive avec 1 gousse d'ail écrasée et 1 pincée de sel. Égouttez-les sur du papier absorbant, puis réservez pour tapisser le plat.

Épluchez les pommes de terre, coupez-les en quatre, mettez-les à cuire dans une casserole d'eau froide avec le gros sel. Lorsqu'elles sont cuites, égouttez-les et écrasez-les à la fourchette. Ajoutez le beurre en morceaux, le piment d'espelette et 1 bouchon de vinaigre de Xérès. Rectifiez l'assaisonnement et réservez.

Mélangez la concassée de tomate et la viande effilochée. Réalisez le montage dans un grand plat pour 6 ou dans des cocottes individuelles. Tapissez le fond avec des tranches d'aubergine nappées d'une couche de caviar d'aubergine. Recouvrez d'une couche de 2 cm de farce d'agneau à la concassée de tomate. Finissez avec une couche d'écrasée de pommes de terre, puis une nouvelle couche d'aubergines en tranches, saupoudrée de parmesan râpé. Passez au four pendant 15 minutes, puis servez avec une saucière de jus.

Depuis 1927, la Maison Aimé perpétue la tradition
bouchère à Dax. Cathy a pris la succession
de son père, Michel Aimé, et s'entoure des meilleurs
professionnels de la boucherie : Guy Pedelucq,
éleveur dans les Landes, propose des bœufs
d'exception que Pierrot Lassalle, le maquignon,
sélectionne un par un lorsqu'ils ont trois ans
environ.

« Je ne sais pas comment il fait. Moi, je serais totalement perdu à sa place. Je choisirais au hasard et je ferais des bêtises. Lui, il est capable de voir sur pied les bêtes qui tutoieront l'excellence chez le boucher. » Christian Constant a l'œil admiratif, rivé sur le maquignon qui sélectionne en un éclair les bœufs de l'éleveur. Pas n'importe lesquels, ceux de Chalosse ! « La dernière fois que j'ai visité une exploitation, ils étaient alignés au garde-à-vous comme s'ils m'attendaient pour me saluer. » Des blondes d'Aquitaine et des limousines pour la quasi-totalité, et une poignée de bazadaises nourries dans les prairies grasses pendant près de quarante mois à l'herbe, au maïs broyé, au foin et aux fourrages. Des bêtes élevées à l'ancienne dans les prés secrets des Landes pour le

Le bœuf
de
Chalosse

> *« Il faut que la côte de bœuf soit dorée, quadrillée, mais pas trop ferrée, ni caramélisée. »*

plus grand bonheur de la boucherie Aimé à Dax. Une institution qui, depuis quatre-vingt-quatre printemps, (ré)écrit, avenue de la République, la fable gourmande du bœuf de Chalosse, comme s'il faisait partie de la famille. C'est maintenant Simone et sa fille Cathy qui sont les gardiennes de l'héritage sur pattes laissé par Raymond. Du sur-mesure cousu main, avec un grain très fin et un persillé déroutant au goût de noisette inégalé. Et dire que le bœuf de Chalosse, qui dispose désormais d'un Label rouge et d'une IGP (Indication géographique protégée), a failli disparaître du paysage local ! « Les Aimé sont fières de l'avoir sauvegardé et elles peuvent l'être ! » se réjouit Christian Constant.

Le filet, la queue, la joue… il affectionne tous les morceaux, avec un appétit non dissimulé pour la côte. Il aime quand elle est bien épaisse et pèse entre 800 g et 1 kg. « Vous l'assaisonnez de gros sel et de poivre, puis vous la faites cuire au sarment de vigne pour magnifier ses saveurs. Après, vous la saisissez sur une grille. Il faut que la côte de bœuf soit dorée, quadrillée, mais pas trop ferrée, ni caramélisée. Il faut la retourner assez souvent et compter entre 7 et 8 minutes de chaque côté.

Entre bleue et saignante, c'est parfait ! » L'astuce pour la rendre encore meilleure ? Ajouter sur le dessus une belle échalote grise hachée, la parsemer de persil plat cru, et l'assaisonner de quelques traits d'huile d'arachide et de fleur de sel, avant de l'envelopper dans du papier aluminium pour la laisser reposer un petit quart d'heure pas très loin du feu, histoire qu'elle soit à peine chaude. Le reste se passe de commentaires, avec un couteau et une fourchette, quelques frites ou des pommes de terre brûlantes cuites avec de l'ail dans de la graisse d'oie. Mme Aimé, quant à elle, endimanche le tout avec une sauce aux cèpes et au sauternes dont elle a le secret, et un vin rouge massif au caractère bien trempé... du Sud-Ouest évidemment !

Simplicité, générosité, convivialité, comme lors d'un repas chez Mme Aimé !
Après les huîtres-saucisses et les ris d'agneau, vous reprendrez bien un peu de côte de bœuf, M.Constant ?

Steak au poivre,
pommes couteaux

Préparation : 20 minutes
Cuisson : 6 minutes pour les steaks,
4 minutes pour les pommes couteaux
Pour 6 personnes

6 tournedos de filet de bœuf
de 160 à 180 g chacun
1,2 kg de pommes de terre
Huile d'arachide pour friture
8 cl de cognac
15 cl de fond de veau
80 g de beurre
Sel
Poivre mignonnette

Salez les tournedos, puis roulez-les dans le poivre mignonnette. Faites-les cuire dans une poêle à bords hauts avec 2 cuillères à soupe d'huile d'arachide, 3 minutes par face. Retirez un peu de gras, flambez les steaks au cognac, puis réservez-les dans un plat recouvert de papier aluminium. Dans les sucs de la cocotte, ajoutez le fond de veau et du poivre mignonnette. Laissez réduire jusqu'à l'apparition d'un léger épaississement. Terminez en ajoutant le beurre.

Pelez et coupez les pommes de terre en frites très fines à l'aide d'un économe (elles doivent avoir l'épaisseur et la largeur d'une épluchure). Rincez-les et réservez-les sur un torchon. Au moment de servir, plongez-les dans l'huile chaude portée à 180 °C. Elles cuisent très rapidement (4-5 minutes). Dès qu'elles sont joliment colorées, sortez-les à l'aide d'une écumoire et égouttez-les sur du papier absorbant. Servez les steaks nappés de leur sauce et saupoudrés d'un peu de poivre mignonnette, et accompagnés des frites présentées dans un cornet de papier sulfurisé ou dans un saladier.

La cuisson des frites s'effectue par petites quantités successives car la fragilité des pommes de terre aussi finement coupées ne permet pas une cuisson massive.

Côte de bœuf
à l'échalote grise

Préparation : 5 minutes
Cuisson : 15 minutes
Pour 6 personnes

2 côtes de bœuf de 600 à 800 g chacune
(suivant l'appétit des convives)
4 échalotes grises hachées
2 cœurs de sucrine
Huile d'arachide
Vinaigre de vin vieux
Sel fin
Fleur de sel
Poivre du moulin

Salez les côtes au sel fin sur les deux faces.
Marquez-les au grill de fonte très chaud 5 minutes d'un côté,
5 minutes de l'autre, puis recommencez l'opération pour quadriller
la viande, 5 minutes d'un côté et 5 minutes de l'autre.
Étalez alors les échalotes hachées sur les côtes, puis arrosez
d'un bon filet d'huile d'arachide. Recouvrez d'une feuille de papier
aluminium et réservez.

Accompagnez les côtes d'une bonne purée de pommes de terre
et des cœurs de sucrine assaisonnés avec une vinaigrette.
Servez la viande saupoudrée de fleur de sel et de quelques tours
de poivre du moulin.

Pot-au-feu
du Sud-Ouest et mique

Préparation : 40 minutes
Cuisson : 5-6 heures
Pour 6 personnes

Bouillon :
500 g de jarret
500 g de paleron
500 g de plat de côte (enroulé
dans une mousseline ou un torchon
pour éviter qu'il ne dépasse)
1,2 kg de joue de bœuf
6 tronçons d'os à moelle de 5 cm environ
2 oignons piqués de clous de girofle
2 carottes
1 bouquet garni
Sel
Poivre

Légumes :
6 poireaux
6 oignons nouveaux entiers
6 carottes
6 petits navets ronds avec tiges
12 pommes de terre charlotte
Cornichons
Moutarde fine
Fleur de sel

Mique (pour réaliser 2 boules) :
500 g de farine (de maïs si possible)
2 œufs
25 cl de lait
12 g de levure de boulanger
125 g de beurre pommade
Beurre
1 pincée de sel

Préparez la mique : faites tiédir le lait et diluez la levure de boulanger. Dans un saladier, mélangez la farine avec le sel et les œufs. Travaillez bien la pâte et versez le lait, puis incorporez le beurre pommade. Formez 2 boules de pâte et laissez-les lever sous un torchon à température ambiante durant 2 heures.

Mettez les viandes dans une grande marmite à pot-au-feu remplie d'eau froide, avec les oignons piqués de clous de girofle, les carottes et le bouquet garni. Après l'ébullition, écumez, puis laissez mijoter pendant 5-6 heures.
Ajoutez les légumes au bout de 3 heures et laissez la cuisson se poursuivre sur feu doux.

20 minutes avant la fin de la cuisson du pot-au-feu, plongez la mique dans le bouillon, retournez-la au bout de 10 minutes, puis poursuivez la cuisson pendant 10 bonnes minutes supplémentaires.
Sortez-la à l'aide d'une écumoire et laissez-la refroidir un peu sur un plat. Découpez des tranches de 1 cm d'épaisseur, saisissez-les à la poêle dans de l'huile chaude, puis finissez de les dorer au beurre.

Mettez les os à moelle à tremper dans de l'eau vinaigrée pendant 1 demi-heure. Faites sortir la moelle en pressant les os du côté le plus étroit. À défaut, demandez à votre boucher de la moelle décortiquée.
Découpez la moelle en tronçons de 4 cm d'épaisseur et faites pocher-les pendant 4-5 minutes dans le bouillon du pot-au-feu tiède. Une fois les tronçons de moelle salés et poivrés, disposez-les sur la mique dorée.
Servez le pot-au-feu en recouvrant de légumes les tranches de viandes et en posant les morceaux de mique dessus.

Pour donner un très bon moelleux à la viande, préparez le pot-au-feu la veille et arrêtez la cuisson un peu avant la 5e heure. Laissez la viande refroidir dans le bouillon. Le jour même, réchauffez, mettez les légumes à cuire, puis servez.

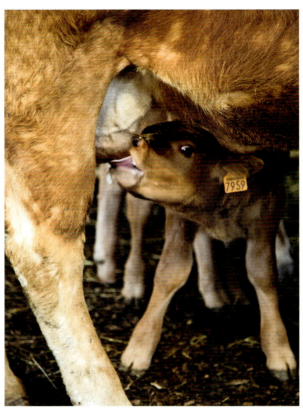

Pour une qualité de viande exceptionnelle, le veau d'Aveyron et du Ségala est élevé sous la mère et se nourrit essentiellement de lait ainsi que d'un complément à base de céréales. S'appuyant sur un savoir-faire unique en Europe, les éleveurs s'engagent à respecter le bien-être du veau dans son environnement.

’est un coin perdu où le paysage prend le pas sur tout. Un petit paradis qui s'étend sur l'Aveyron, le Lot, le Tarn et le Tarn-et-Garonne. À l'horizon, les vallées s'étirent à perte de vue. C'est là, au milieu des pâturages accrochés aux contreforts des plateaux désertiques, que les veaux du Ségala ont trouvé refuge. Le bonheur a des allures de collines, les pentes n'en finissent plus et les prairies y sont permanentes. La carte postale fait rêver. Mieux, ce serait indécent… Et les veaux

« C'est une viande noble, exceptionnelle, tendre, savoureuse, goûteuse, très blanche avec une légère couleur rosée. »

du Ségala dans tout ça ? Issus de limousines et de blondes d'Aquitaine, ils sont élevés entre six et dix mois sous leur mère, qui les allaitent toute leur vie – ils tèteront environ 2 500 l de lait ! –, et reçoivent quelques compléments de céréales. « C'est une viande noble, exceptionnelle, tendre, savoureuse, goûteuse, très blanche avec une légère couleur rosée. » Grillée, rôtie, poêlée, en sauce, en fondue ou à la broche, Christian Constant n'a aucune préférence. Enfin si, deux ! « La côte de veau bien épaisse que je cuis de chaque côté dans un sautoir ou dans une cocotte avec un peu d'ail, du persil, du citron et de l'huile d'arachide, et les ris de veau préparés avec du vin jaune, des morilles et des asperges », énumère-t-il. Avec une règle invariable pour ne pas sacrifier votre veau : celle de le saisir à feu très vif.

Le veau du Ségala

Côtes de veau du Ségala,
petits pois, asperges et morilles

Préparation : 45 minutes
Cuisson : 45 minutes
Pour 6 personnes

3 grosses côtes de veau
de 250 à 300 g chacune
1,5 kg de petits pois avec cosses
18 grosses asperges vertes ou 30 petites
12 morilles fraîches ou déshydratées
100 g de beurre
100 g d'échalotes
15 cl de porto
25 cl de fond de veau
30 cl de crème liquide
Huile
Sel

Faites tremper les morilles dans de l'eau claire et renouvelez l'opération jusqu'à disparition de tout le sable.
Pelez et coupez le pied des asperges, cuisez-les à l'anglaise (dans de l'eau bouillante salée) en petites bottes ficelées pendant 5 minutes. Refroidissez-les à l'eau glacée, puis mettez-les à égoutter sur un torchon.
Écossez les petits pois, cuisez-les dans l'eau des asperges pendant 3 minutes, puis plongez-les dans de l'eau glacée et égouttez-les bien.

Dans une poêle huilée, marquez les côtes de veau sur leurs deux faces (en les retournant deux fois) pendant 10 bonnes minutes jusqu'à ce qu'elles prennent une belle couleur.
Finissez la cuisson des côtes en ajoutant dans la poêle 50 g de beurre et en les arrosant constamment. Retirez-les de la poêle et réservez-les.

Épluchez les échalotes, ciselez-les finement et mettez-les à confire sur feu doux dans la poêle de cuisson du veau. Ajoutez les morilles en les faisant revenir doucement.
Déglacez au porto et faites réduire jusqu'à l'apparition d'un léger épaississement. Mouillez avec le fond de veau sans trop réduire cette fois, pour que la sauce ne soit pas trop épaisse.
Réservez une louche de sauce pour la finalisation de la recette.
Ajoutez tous les petits légumes dans la sauce bouillante.

Déposez les côtes cuites dans un plat de service. Disposez les légumes de la garniture sur les côtes avec leur sauce.
Versez la crème liquide dans une casserole avec la sauce réservée.
Faites-la réduire, puis nappez la viande au moment de servir.

*Un joli pigeonnier au milieu
des vignes, de beaux produits
sur les marchés... Pas de doute,
on est dans le Sud-Ouest !*

Poitrine de veau
du Ségala farcie aux pruneaux et aux noix du Périgord

Préparation : 30 minutes
Cuisson : 2 heures
Pour 6 personnes

1 morceau de poitrine de veau de 2 kg
(demandez au boucher de vous préparer
la poche et de vous laisser quelques parures)
700 g de viande maigre de veau (noix ou quasi)
2 pruneaux
125 g de cerneaux de noix
1 blanc d'œuf
500 g de crème fraîche
2 oignons
25 g de beurre
2 cuillères à soupe de persil haché
1 crépine de porc
(mise à tremper dans de l'eau glacée)
Huile d'arachide
2 gousses d'ail
2 échalotes
50 cl de jus de veau
(préparé avec un fond déshydraté)
Sel
Poivre

Préchauffez le four à 140 °C (th. 5).

Hachez au robot (grille fine) la viande maigre de veau. Salez et poivrez. Incorporez le blanc d'œuf et la crème. Passez le tout au mixeur pour obtenir une farce fine.
Ciselez finement les oignons et faites-les suer dans le beurre (réservez-en quelques-uns pour la sauce).
Concassez les noix, puis découpez les pruneaux en petits dés. Introduisez-les dans la farce avec le persil haché et les oignons confits au beurre.

Ouvrez la poche du morceau de poitrine en deux, étalez-la bien à plat, recouvrez-la d'une bonne épaisseur de farce, puis roulez-la, avant de l'entourer de la crépine. Ficelez-la. Dans une poêle, saisissez le rôti ainsi roulé dans de l'huile sur tous ses côtés.
Préparez un jus de veau avec 50 cl d'eau et du fond déshydraté. Laissez réduire, ajoutez les oignons réservés et assaisonnez.

Déposez la poitrine sur la lèchefrite du four, entourée de quelques morceaux de parures de veau, des gousses d'ail et des échalotes pelées, et mouillez avec un peu de jus de veau.
Enfournez pour 1 heure 30, voire 2 heures.

Servez la poitrine découpée en belles tranches, arrosées du jus de veau additionné des pruneaux et des noix réservés.

Ce plat sera servi
accompagné
d'un bon macaroni cuit
dans un bouillon.

Jarret de veau
braisé à la tomate de Marmande

Préparation : 45 minutes
Cuisson : 6 heures
Pour 6 personnes

Bouillon :

3 jarrets de veau raccourcis (par votre boucher)
2 carottes
1 oignon
1 poireau
1 branche de céleri
1 bouquet garni
1 gousse d'ail
25 cl de fond de veau

Concassée de tomates :

12 tomates mondées et concassées
4 oignons ciselés
2 gousses d'ail écrasées
4 cuillères à soupe d'huile d'olive
1 cuillère à soupe de concentré de tomate
1 pincée de sucre
1 branche de thym
Sel
Poivre

Faites cuire les jarrets avec les légumes comme pour un pot-au-feu, en les mettant dans l'eau froide salée et en écumant dès les premiers bouillons. Laissez mijoter très doucement pendant 4-5 heures.
Égouttez et faites réduire le bouillon de cuisson que vous mélangerez au fond de veau pour le corser un peu.

Déposez les jarrets dans un grand plat allant au four. Mettez-les à cuire pendant 1 heure à 160 °C (th. 5) en les arrosant régulièrement toutes les 10 minutes avec le bouillon enrichi, de façon à faire rendre les sucs de la viande et à lui donner un beau glaçage.

Pendant la cuisson au four, préparez la concassée de tomates comme pour la recette de la tarte à la tomate (p. 24).

Servez les jarrets à l'assiette, découpés sur la concassée de tomates et arrosés du jus de cuisson.
Ce plat peut être accompagné de coquillettes ou d'une bonne purée de pommes de terre.

Pour gagner du temps, faites cuire les jarrets la veille. Le glaçage au four s'effectuera le jour-même.

Violette de Toulouse

Fraises du Sud-Ouest

Cachou

Pruneau d'Agen

Chasselas de Moissac

Chez Constant
Les desserts

Allumettes de millas, coulis de fruits rouges

Brioche en pain perdu

Pavlova à la violette et aux fruits rouges

Tarte aux abricots et aux violettes de Toulouse

Mascarpone caramel et fraises gariguettes

Millefeuille aux fraises

Poêlée de cerises

Soupe de melon, miel et gingembre

Biscuit aux noix et à la crème de cachous Lajaunie

Les crêpes de madame Aimé

Les merveilles de Mamie

Aumônières aux pruneaux d'Agen

Tourtière aux pommes, pruneaux et raisins à l'armagnac

Allumettes de millas
et coulis de fruits rouges

Préparation : 10 minutes
Cuisson : 45 minutes
Pour 6 personnes

Millas :
4 œufs
150 g de sucre
150 g de beurre
150 g de farine de maïs
70 cl de lait
1 bouchon de rhum
1 sachet de sucre vanillé
Sucre glace
1 pincée de sel

Coulis de fruits rouges :
150 g de fraises
100 g de cassis
100 g de groseilles
150 g de mûres
150 g de framboises
50 g de beurre
2 cuillères à soupe de confiture de fruits rouges
ou de gelée de groseille

Préchauffez le four à 160 °C (th. 5-6).

Faites fondre 100 g de beurre. Battez les jaunes d'œufs et le sucre jusqu'à ce que le mélange blanchisse. Ajoutez la farine en pluie et le beurre fondu. Mélangez bien. Ajoutez ensuite le lait, le rhum et le sucre vanillé.
Montez les blancs d'œufs en neige ferme avec 1 pincée de sel. Mélangez délicatement les blancs montés à la préparation précédente. Versez dans un moule, idéalement rectangulaire, beurré et fariné. Enfournez pour 35 à 40 minutes.

Une fois le gâteau cuit et refroidi, découpez-le en portions de 3 cm de large.
Faites fondre 50 g de beurre dans une poêle et dorez les tranches de millas en les arrosant doucement avec le beurre fondu.
Réservez-les dans le plat de service en les saupoudrant de sucre glace.

Dans la poêle non nettoyée, dans 50 g de beurre, faites cuire rapidement le coulis en commençant par les fruits les plus fermes : fraises, puis cassis, groseilles, mûres et framboises. Terminez le coulis en ajoutant la confiture de fruits rouges et versez-le encore chaud sur les tranches de millas.

Hors saison, le coulis peut être préparé avec un mélange de fruits rouges surgelés. Les gourmands peuvent, en plus, flamber le millas au rhum dans la poêle beurrée.

Brioche
en pain perdu

Préparation : 10 minutes (la veille)
Cuisson : 35 minutes
Pour 6 personnes

3 boules de brioche du boulanger
4 jaunes d'œufs
100 g de sucre en poudre
1 sachet de sucre vanillé
(ou 1 gousse de vanille)
20 cl de crème liquide
30 cl de lait
Beurre

Sauce caramel au beurre salé :
300 g de sucre en poudre
45 g de beurre demi-sel
30 cl de crème liquide
1 pincée de fleur de sel

La veille :
Retirez la croûte de la brioche (vous pouvez en laisser un petit peu)
et découpez la mie en dés.
Battez les jaunes avec le sucre jusqu'à ce que le mélange blanchisse.
Ajoutez le sucre vanillé ou les graines de la gousse de vanille grattée.
Incorporez la crème liquide et le lait, mélangez bien l'ensemble,
puis mettez-y les dés de brioche à mariner. Recouvrez le récipient
de film alimentaire et laissez reposer au frais pendant toute
la nuit.

Le jour même :
Préchauffez le four à 160 °C (th. 5-6).
Beurrez et sucrez un moule profond, versez la brioche imbibée, puis
enfournez la préparation pour 35 minutes.
Pendant la cuisson, préparez une sauce caramel au beurre salé.
Faites fondre dans une casserole à fond épais le sucre en poudre
jusqu'à l'obtention d'un caramel blond. Ajoutez le beurre
demi-sel, laissez-le fondre, puis versez la crème liquide.
Remuez jusqu'à l'obtention d'une émulsion parfaite (au départ,
le sucre cristallise, mais, sur feu doux et en remuant doucement,
la sauce devient très belle). Incorporez 1 pincée de fleur de sel.
Servez le gâteau en tranches, nappées de sauce caramel, chaude
ou froide.

Cette version « familiale » du pain perdu
individuel présente l'avantage de pouvoir
se préparer en grande quantité
et pas à la dernière minute. Extra !

La violette voit la vi(ll)e en rose… à Toulouse. Cela ne date pas d'aujourd'hui, mais bien d'hier, et même d'avant hier, depuis que l'on raconte qu'un soldat de l'armée napoléonienne la ramena dans la capitale d'Aquitaine. C'est dire s'il fit une fleur à celle qui a été choyée pour éviter sa disparition ! Elle a même désormais, depuis 2003, le droit à sa fête. Du temps du Crillon à Paris, Christian Constant cristallisait délicatement la violette pour en parsemer les desserts. Au Bibent

La violette a même, depuis 2003, le droit à sa fête.

à Toulouse – le restaurant qu'il possède en plus de ses trois établissements –, il fait un clin d'œil à sa patrie en glissant au compte-gouttes du sirop de violette dans une douceur au chocolat au lait. À Toulouse, seule la maison Candiflor produit des violettes cristallisées, selon un secret bien gardé…

Depuis 1818, la maison Candiflor enrobe les fleurs de sucre cristallisé pour embellir nos pâtisseries. Un savoir-faire unique au monde et tenu secret qui fait de la violette de Toulouse un produit exceptionnel, apprécié bien au-delà de nos frontières.

La violette
de
Toulouse

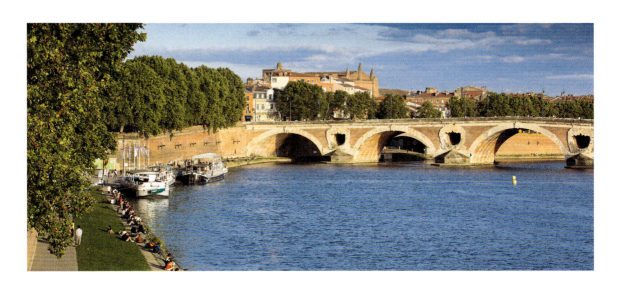

Pavlova à la violette
et aux fruits rouges

Préparation : 40 minutes
Cuisson : de 1 heure 30 minutes à 2 heures
Pour 6 personnes

Meringue :
4 blancs d'œufs (150 g)
240 g de sucre en poudre
1 cuillère à café de Maïzena®
1 cuillère à soupe de jus de citron
1 cuillère à café d'extrait de vanille
1 pincée de sel

Chantilly :
50 cl de crème liquide très froide
3 sachets de sucre vanillé
50 g de sucre glace
2 cuillères à soupe de liqueur de violette

Garniture :
300 g de framboises
300 g de fraises
125 g de mûres
1 cuillère à soupe de sucre glace
1 filet de jus de citron
1 cuillère à soupe de confiture de fruits rouges
ou de gelée de groseille
50 g d'amandes effilées
Quelques violettes cristalisées

Ustensile :
1 cercle de 24 cm de diamètre

Préchauffez le four à 100 °C (th. 3).

Faites légèrement dorer dans la poêle sur feu moyen et sans matière grasse les amandes effilées.

Montez les blancs en neige ferme avec 1 pincée de sel. Dès qu'ils ont doublé de volume, versez petit à petit 60 g de sucre en poudre tout en continuant à battre, puis le reste du sucre mélangé à la Maïzena®. En battant toujours, terminez par le jus de citron et l'extrait de vanille.
Tapissez la plaque du four de papier sulfurisé. Posez sur le papier un cercle de 24 cm de diamètre légèrement huilé. Versez l'appareil à meringue à l'intérieur du cercle en le remontant vers les bords du moule de façon à creuser légèrement le centre du gâteau. Retirez le cercle et enfournez pour 1 heure 30 minutes à 2 heures en laissant la porte du four entrouverte. Baissez un peu la température si la meringue commence à brunir.
Au terme de la cuisson, éteignez le four et laissez refroidir la meringue à l'intérieur. La pavlova doit être très légèrement teintée, croustillante en surface et moelleuse au centre.

Prélevez l'équivalent d'un bol de fruits rouges. Mixez-les et mélangez-les avec 1 cuillère à soupe de sucre glace, 1 filet de jus de citron et 1 cuillère à soupe de confiture de fruits rouges ou de gelée de groseille.

Fouettez la crème liquide bien froide en chantilly et versez dessus en pluie le sucre glace, le sucre vanillé et la liqueur de violette.

Remplissez la meringue de chantilly. Répartissez harmonieusement sur le dessus les fruits rouges entiers. Saupoudrez d'amandes grillées et arrosez d'un filet de coulis de fruits rouges. Décorez la pavlova avec quelques violettes cristallisées avant de servir.

Tarte aux abricots
et aux violettes de Toulouse

Préparation : 20 minutes
Cuisson : 30 minutes
Pour 6 personnes

800 g d'abricots
20 g de nappage d'abricot
10 à 15 violettes cristallisées

Pâte à tarte :
100 g de beurre à température ambiante
80 g de sucre glace
1 gousse de vanille
1 œuf
150 g de farine
40 g de poudre d'amande
1 pincée de sel

Crème d'amande :
100 g de beurre à température ambiante
100 g de sucre glace
100 g de poudre d'amande
2 œufs
50 g de farine

Préchauffez le four à 170 °C (th. 6).

Dans un saladier, mélangez le beurre pommade avec le sucre glace pour obtenir un mélange crémeux. Ajoutez la pincée de sel, les graines de la gousse de vanille grattée, puis l'œuf. Liez bien le tout avant d'incorporer la farine et la poudre d'amande. Formez une boule
de pâte, sans trop la pétrir. Laissez-la reposer au frais pendant 3 ou 4 heures.

Dans un bol, mélangez à l'aide d'une cuillère en bois le beurre pommade, le sucre glace et la poudre d'amande. Quand l'ensemble est bien homogène, ajoutez les œufs entiers un à un, puis la farine. Coupez les abricots en deux et ôtez les noyaux.

Étalez la pâte sucrée à l'aide d'un rouleau à pâtisserie sur une épaisseur de 3-4 mm. Garnissez-en un moule à tarte de 26 cm de diamètre, tapissé d'une feuille de papier sulfurisé. Déposez une deuxième feuille de papier sulférisé sur la pâte. Garnissez le fond de la tarte avec des haricots secs et faites cuire à blanc au four pendant 14 minutes.
Versez la crème d'amande et posez les demi-abricots en rosace. Remettez au four à 160 °C (th. 5-6) pendant 17 minutes.
Au terme de la cuisson, laissez refroidir, puis glacez la tarte à l'aide d'un pinceau avec le nappage d'abricot et parsemez de violettes cristallisées.

Une confiture d'abricot légèrement chauffée peut remplacer un nappage d'abricot du commerce.
}

Gariguette, ciflorette, charotte, mara des bois, qu'elles viennent du Périgord ou du Lot-et-Garonne, le Sud-Ouest aime les fraises. Les gourmands aussi !

ors de question de transiger dessus. « J'ai trop de respect pour le produit », s'époumone-t-il. Un conseil d'ami : ne donnez jamais en automne ou en hiver une fraise à Christian Constant. Il risque de voir rouge… « Pourquoi a-t-on instauré qu'il devait y en avoir douze mois sur douze ? C'est la plus grosse bêtise que je connaisse ! » Les fraises, il les mange au début de l'été. En pleine saison. « Ça ne dure qu'un mois, c'est tout ! », assène-t-il. À cette période-là, celles du Périgord – 8 000 tonnes par an bénéficiant d'une Indication géographique protégée (IGP) – ont pris les rayons du soleil et arrivent à pleine maturité.

« Ça ne dure qu'un mois, c'est tout ! »

Une couleur d'un vermillon éclatant, un cépage bien vert, un calibre moyen, une texture très lisse, un parfum envoûtant : en les choisissant ainsi sur le marché ou chez votre maraîcher, vous êtes sûre de trouver les meilleures. « En bouche, elles éclateront tout en promettant d'être juteuses et gorgées de sucre, avec un arrière-goût de cassis. Et généralement, personne ne sacrifie leur tige ! » Même s'il les utilise pour faire des tartes ou revisiter la pêche melba, ce que préfère par-dessus tout Christian Constant, c'est déguster les fraises au naturel. Il les prépare la veille, en les laissant reposer dans un saladier avec du sucre. Sa seule fantaisie sera d'ajouter au dernier moment une larme de jus d'orange et de Grand Marnier. « Cela fait davantage ressortir leurs saveurs. » La fraise, un fruit que tout le Sud-Ouest adore !

Les fraises
du
Sud-Ouest

Mascarpone caramel
et fraises gariguettes

Préparation : 15 minutes
Cuisson : 15 minutes
Pour 6 personnes

Quenelles de mascarpone :
200 g de mascarpone
200 g de crème liquide
30 g de sucre en poudre

Coulis de fraise :
500 g de fraises gariguettes
1 jus de citron
50 g de sucre
10 cl d'eau et 75 g de sucre (pour le sirop)

Sauce caramel :
300 g de sucre
45 g de beurre demi-sel
30 cl de crème liquide
1 pincée de fleur de sel

Sablés :
220 g de farine
110 g de sucre en poudre
1 œuf entier + 1 jaune pour dorer
1 gousse de vanille
110 g de beurre ramolli
1 pincée de sel

Préparez la sauce caramel (voir recette p. 150). La quantité
est largement suffisante pour les quenelles. Gardez-en un tiers
dans une saucière pour le service.
Mélangez le mascarpone et la crème liquide, puis montez le tout
en chantilly en incorporant le sucre à la fin. Remplissez un récipient
profond de couches alternées de chantilly au mascarpone
et de sauce caramel. Réservez au frais.

Préchauffez le four à 160 °C (th. 5-6).
Dans un saladier, versez la farine, le sucre, l'œuf entier, le sel
et les graines de la gousse de vanille grattée. Du bout des doigts,
amalgamez l'œuf et la farine jusqu'à l'obtention d'un sable jaune.
Liez la pâte avec le beurre ramolli. Travaillez-la jusqu'à ce qu'elle
se transforme en un pâton homogène.
Étalez la pâte sur une épaisseur de 2-3 cm et dorez la surface
au jaune d'œuf. Découpez des cercles de pâte à l'emporte-pièce
de la grosseur d'un beau sablé. Faites-les cuire sur du papier
sulfurisé pendant 8 minutes.

Préparez un sirop de sucre avec 10 cl d'eau et 75 g de sucre.
Cuisez-le pendant 3 minutes.
Mixez 300 g de fraises avec le jus de citron et 50 g de sucre
puis ajoutez le sirop.

Déposez au fond d'une coupelle ou d'une assiette creuse les fraises
restantes coupées en deux et arrosées du coulis. Placez au centre
un sablé et posez dessus une belle quenelle moulée à la cuillère.
Vous pouvez verser la sauce caramel restante sur la quenelle
ou la présenter dans une saucière.

Millefeuille aux fraises

Préparation : 30 minutes
Cuisson : 30 minutes
Pour 6 personnes

1 pâte feuilletée pur beurre
en pâton rectangulaire
300 g de fraises
Sucre glace

Crème pâtissière :
25 cl de lait
1 gousse de vanille
50 g de sucre en poudre
3 jaunes d'œufs
1 cuillère à café de Maïzena®

Crème Chantilly :
75 cl de crème entière liquide très froide
80 g de sucre glace
3 sachets de sucre vanillé

Coulis de fraise :
200 g de fraises
1 jus de citron
50 g de sucre glace
1 cuillère à soupe de gelée de groseille
ou de confiture de fruits rouges

Ustensile :
Une poche à douille

Préchauffez le four à 180 °C (th. 6).
Étalez la pâte feuilletée en grand rectangle. Découpez 6 bandes de 8 cm de large et de 18 à 20 cm de long, puis déposez-les sur une plaque recouverte de papier sulfurisé. Enfournez pour 25 à 30 minutes en les laissant gonfler. Laissez-les bien refroidir avant de découper les millefeuilles.

Faites une crème pâtissière en portant le lait à ébullition avec la gousse de vanille évidée. Mélangez les graines de la gousse de vanille avec le sucre. Dans un saladier, fouettez les jaunes d'œufs avec le sucre à la vanille jusqu'à ce que le mélange blanchisse. Ajoutez la Maïzena®, puis versez le lait bouillant au travers d'un tamis. Mélangez bien et reversez le tout dans la casserole. Portez de nouveau à ébullition, puis laissez cuire pendant 2-3 minutes. Sans cesser de remuer, versez la crème dans un saladier et recouvrez de film alimentaire pour éviter que la surface forme une croûte. Mettez-la au frais.

Pour préparer la chantilly, montez la crème liquide au batteur. Quand elle est presque ferme, versez en pluie le sucre glace et le sucre vanillé. Continuez à battre jusqu'à ce qu'elle forme des pointes à la surface.
Mélangez la crème Chantilly et la crème pâtissière refroidie. Vous obtenez une crème chiboust.

Pour le coulis, mixez les fraises, puis ajoutez le jus de citron, le sucre glace et la gelée de groseille. Mélangez et réservez.

Découpez délicatement les bandes de feuilletage dans l'épaisseur en 3 morceaux, en conservant le plus beau pour le dessus. Garnissez le millefeuille en disposant les fraises entières sur le socle des gâteaux et en intercalant la crème chiboust entre les fraises à l'aide d'une poche à douille, de façon à former des petits tas de la hauteur des fraises.
Déposez une feuille intermédiaire de feuilletage bien calée sur les fraises, puis recommencez l'opération en terminant par un chapeau de pâte saupoudré de sucre glace.
Servez avec le coulis de fraise.

*Après un bon repas chez Françoise Fel, une amie
de Christian Constant et un vrai cordon bleu,
certains savourent quelques cerises
à l'eau-de-vie. Les amis de longue date
se retrouvent autour d'une sympathique
partie de pétanque.*

Poêlée de cerises

Préparation : 5 minutes
Cuisson : 5 minutes
Pour 6 personnes

2 kg de cerises
50 g de beurre
50 g de sucre en poudre
Quelques feuilles de menthe
5 cl de liqueur de violette

Faites fondre le beurre dans une poêle chaude et versez-y les cerises équeutées (mais non dénoyautées). Saupoudrez-les de sucre et laissez-les mijoter sur feu doux pendant 5 minutes.
Ciselez finement les feuilles de menthe.
Déglacez la poêle avec la liqueur de violette.
Dressez dans un plat de service ou des coupelles individuelles en parsemant les cerises de filaments de feuilles de menthe.
Servez avec une belle boule de glace de votre choix.

Vous pouvez utiliser un autre alcool pour le déglaçage, du kirsch ou du rhum par exemple. Vous pouvez varier la décoration du plat en le parsemant de brisures de meringue, de biscuits amaretti ou de pistaches et de dragées de Montauban concassées.

Soupe de melon
du Quercy, miel et gingembre

Préparation : 10 minutes
Cuisson : 3 minutes
Pour 6 personnes

2 beaux melons du Quercy
2 cuillères à soupe de miel
10 g de racine de gingembre
4 feuilles de menthe
25 cl d'eau + 75 g de sucre (pour le sirop)
1 gousse de vanille
3 grappes de groseilles

Découpez le melon en petits dés ou en petites billes à l'aide d'une cuillère à pomme parisienne (conservez les chutes), puis mettez-les dans un cul-de-poule ou un saladier.
Pelez et émincez finement le gingembre. Ciselez les feuilles de menthe.

Préparez un sirop avec l'eau, le sucre, les graines de la gousse de vanille grattée et le miel. Laissez cuire pendant 3 minutes.
Mixez les chutes de melon et réservez ce jus.
Versez le sirop sur le melon découpé en y ajoutant le gingembre (gardez-en quelques-uns pour le dressage). Filmez et mettez au frais.

Au moment de servir, versez la soupe de melon dans des coupelles individuelles. Recouvrez de quelques cuillères de jus de melon. Saupoudrez de menthe ciselée et des filaments de gingembre réservés. Décorez de quelques groseilles.

À Toulouse, il y a des « incontournables » : la basilique Saint-Sernin et le Cachou Lajaunie. La petite boîte jaune s'est fait connaître bien au-delà de la ville rose grâce à des campagnes publicitaires qui ont marqué nos mémoires.

’est une friandise qui a traversé toutes les générations depuis 1880. « Eh oui ! Elle rassemble de 7 à 77 ans, et bien plus encore ! » résume Christian Constant. Il y a d'abord sa mythique boîte ronde métallique – que l'on peut glisser dans sa poche –, facilement reconnaissable à son jaune pétant, sur laquelle s'étalent des lettres noires. Il y a ensuite, à l'intérieur, sa célèbre pastille carrée couleur charbon, avec son goût de réglisse inimitable et sa pointe mentholée en bouche. Il y a enfin son génial inventeur, un pharmacien de Toulouse répondant au prénom de Léon. Les Cachous Lajaunie sont éternels. « Immortels même », complète Christian Constant. Enfant, il faisait des virées au bureau de tabac ou à la gare pour s'offrir ces minuscules bonbons qui rythmaient ses journées d'école. La boîte en contenait quarante ou cinquante.

Le Cachou

« Eh oui ! Le Cachou rassemble de 7 à 77 ans, et bien plus encore ! »

Elle coûtait alors moins de cinquante centimes de francs. « Ça ne valait rien. Je la secouais toujours avec l'espoir d'entendre le bruit qui m'indiquerait qu'il en restait. Je prenais les Cachous Lajaunie un par un pour que ça me fasse le plus de profit possible. » Dès qu'il en consommait, il avait l'impression d'avaler un morceau de fraîcheur, une bouffée d'oxygène pimentée, une brise d'air frais. « Ça me dégageait les bronches, c'était jouissif ! » Si bien qu'il avait créé au Crillon un dessert autour de pommes de terre soufflées garnies de crème pâtissière allégée et parsemées d'éclats de Cachous Lajaunie.

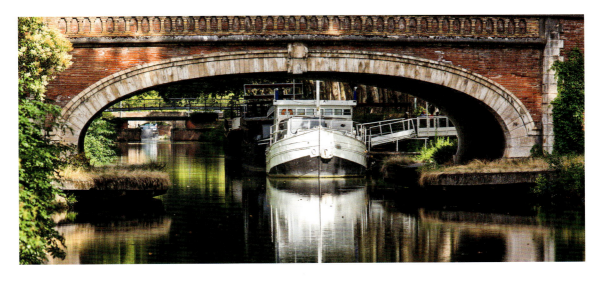

Biscuit aux noix
et à la crème de Cachous Lajaunie®

Préparation : 15 minutes
Cuisson : 40 minutes
Pour 6 personnes

Biscuit :
560 g de cerneaux de noix
150 g de sucre glace
200 g de beurre pommade
10 blancs d'œufs
60 g de sucre en poudre

Crème anglaise :
40 cl de lait
10 cl de crème liquide
1 gousse de vanille
5 g de Cachous Lajaunie®
6 jaunes d'œufs
100 g de sucre

Préchauffez le four à 180 °C (th. 6).
Hachez les cerneaux de noix au robot. Incorporez le sucre glace et continuez à mixer quelques instants.
Mélangez les noix, le beurre et 4 blancs d'œufs.
Montez les 6 blancs restants en neige en ajoutant le sucre en poudre quand ils sont presque fermes. Incorporez-les délicatement à la pâte aux noix et versez le mélange dans un moule à cake beurré et sucré. Enfournez pour 35 minutes. Si vous cuisez le biscuit dans des moules individuels, le temps de cuisson sera ramené à 15 minutes.

Dans une casserole, mélangez le lait et la crème liquide. Ajoutez les graines de la gousse de vanille grattée avec la pointe d'un couteau et les Cachous, puis faites chauffer.
Battez les jaunes d'œufs avec le sucre jusqu'à ce que le mélange blanchisse. Versez le lait vanillé aux Cachous sur les œufs. Remettez à cuire en mélangeant constamment jusqu'à ce que la crème nappe la cuillère. Surtout, ne faites pas bouillir ! Filtrez dans une passette et laissez refroidir.

Servez le biscuit en tranches nappées de la crème anglaise aux Cachous.

Les crêpes
de Madame Aimé

Préparation : 15 minutes
Cuisson : 25 minutes
(2 minutes par crêpe)
Pour 6 personnes

250 g de farine
3 œufs
40 g de sucre
40 g de beurre
Zeste d'orange
50 cl de lait entier frais
20 g de sucre glace
6 blancs d'œufs
Huile d'arachide pour la poêle
2 pincées de sel

Faites fondre le beurre. Versez la farine dans un saladier, creusez un puits et cassez-y les œufs. Ajoutez 1 pincée de sel, le sucre et le beurre fondu. Délayez et fouettez vigoureusement. Ajoutez le zeste d'orange râpé et le lait, puis fouettez jusqu'à l'obtention d'un mélange homogène. Passez la pâte dans une passoire fine, puis laissez-la reposer pendant 1 heure au frais.

Montez les blancs en neige ferme avec 1 pincée de sel, puis incorporez-les délicatement à l'appareil à crêpes.

À l'aide d'une feuille de papier absorbant, huilez légèrement votre poêle. Faites cuire les crêpes en leur donnant une légère coloration. Huilez de nouveau la poêle après chaque crêpe. Sucrez les crêpes une à une quand elles sont cuites, puis formez immédiatement de petits rouleaux. Saupoudrez-les de sucre glace.

Vous pouvez garder ces crêpes au réfrigérateur, recouvertes de film alimentaire pour éviter qu'elles ne se dessèchent. Réchauffez-les emballées dans du papier aluminium dans un four préchauffé à 160 °C pendant quelques minutes.

Les merveilles
de Mamie

Préparation : 5 minutes
Cuisson : 25 minutes
(3-4 minutes par série)
Pour 6 personnes

250 à 300 g de farine + 50 g
3 œufs entiers
125 g de beurre
50 g de sucre
2 sachets de sucre vanillé
3 cuillères à soupe de lait
Le zeste de 2 citrons et de 2 oranges
50 g de sucre glace
2 l d'huile pour friture
1 pincée de sel

Faites fondre le beurre. Dans un saladier, creusez un puits dans la farine. Versez les-y œufs battus en omelette, le beurre fondu, le sel, le sucre, le sucre vanillé, le lait et les zestes de citron et d'orange. Mélangez bien. Si la pâte est trop molle, ajoutez un peu de farine. Formez une boule et laissez-la reposer pendant 1 heure.

Étalez la pâte très finement (2 mm d'épaisseur) sur un plan de travail bien fariné. Découpez la pâte à votre convenance (en carrés, en rectangles ou en losanges).
Plongez les merveilles dans l'huile chaude (170 °C) par séries de 4 ou 5. Retournez-les dès que la pâte commence à faire des petites bulles. Quand elles sont dorées sur les deux faces, retirez-les à l'aide d'une écumoire et déposez-les dans un plat recouvert de papier absorbant. Saupoudrez-les immédiatement de sucre glace ou semoule.

Vous pouvez parfumer les merveilles en ajoutant à la pâte un verre à liqueur d'armagnac ou de rhum.

Produit incontournable de la région Sud-Ouest.
le pruneau d'Agen est apprécié depuis toujours pour ses vertus
médicinales. La récolte, mécanique ou manuelle, a lieu à la fin
de l'été. Les fruits seront ensuite séchés selon des techniques
qui ont évolué à travers les époques.

l n'a pas changé ses habitudes. Cinq décennies plus tard, ses gestes sont encore les mêmes. Il a beau avoir grandi, Christian Constant secoue toujours l'arbre pour voir si le fruit est mûr. « S'il y en a plusieurs qui tombent, c'est très bon signe ! Vous pouvez alors aller chercher une échelle pour entamer la cueillette dans les paniers et les chapeaux, car si vous attendez trop, ce sont les oiseaux qui s'en chargeront ! » prévient le chef. Mais ne soyez pas trop pressés, car tout vient à point à qui sait attendre. Pour les pruneaux d'Agen, la maturité intervient entre la fin août et la fin septembre, quand, après avoir bronzé au soleil et bu beaucoup d'eau, ils se détachent presque tout seuls de leurs branches. À cette période-là, ce sont encore des prunes d'Ente qui, une fois séchées dans des étuves ou dans des tunnels, se pareront de noir avec des reflets mauves dans un habit plissé, pour devenir des pruneaux. Il faudra d'ailleurs près de 4 kg de prunes pour faire 1 kg de pruneau. « C'est ma madeleine de

Le pruneau d'Agen

« C'est ma Madeleine de Proust, ou plutôt ma cerise sur le gâteau. »

Proust, ou plutôt ma cerise sur le gâteau », avoue-t-il. Pour son petit déjeuner ou à 4 heures, Christian Constant raffole de ces « bijoux remplis d'humidité », qu'il trempe dans le thé avec de la cannelle et de l'anis, ou qu'il farcit de chocolat après avoir pris soin d'enlever leur noyau. On ne fait pas une telle déclaration d'amour sans raison : toute la famille du chef est en effet née à quelques kilomètres d'Agen. Le pruneau, c'est une religion chez les Constant !

Aumônières
aux pruneaux d'Agen

Préparation : 45 minutes
Cuisson : 35 minutes
Pour 6 personnes

200 g de pruneaux d'Agen dénoyautés
10 cl d'armagnac
1 sachet de sucre vanillé
50 g de beurre

Appareil à crêpes :
250 g de farine
40 g de sucre
3 œufs entiers
40 g de beurre + 40 g (pour la cuisson)
1 zeste d'orange râpé
50 cl de lait
1 sachet de sucre vanillé
1 pincée de sel

Crème pâtissière :
50 cl de lait
6 jaunes d'œufs
125 g de sucre
2 cuillères à café de Maïzena®
1 gousse de vanille
2 cuillères à soupe d'armagnac

Chantilly :
25 cl de crème liquide
40 g de sucre glace
1 sachet de sucre vanillé

Préchauffez le four à 180 °C (th.6)

Préparez la pâte à crêpes (voir recette p. 174).
Coupez les pruneaux en morceaux et mettez-les à mariner
dans l'armagnac.
Faites cuire les crêpes dans une poêle chaude à peine huilée.
Réservez-les sous du film alimentaire.

Préparez la crème pâtissière (voir recette p. 162) et ajoutez
à la fin l'armagnac. Laissez-la refroidir filmée. Réservez 2 cuillères
à soupe de crème pour la présentation.
Montez la crème en chantilly bien ferme et incorporez-la délicatement
à la crème pâtissière avec les pruneaux marinés égouttés.

Confectionnez des aumônières en plaçant 1 cuillère à soupe
de crème aux pruneaux au centre de chaque crêpe. Remontez
les bords en les plissant, et faites-les tenir avec un nœud fabriqué
à l'aide d'une lanière de crêpe et consolidé par une pique de bois.
Mettez les aumônières dans un plat allant au four, répartissez
quelques morceaux de beurre et saupoudrez de sucre vanillé.
Enfournez pour 10 minutes en arrosant régulièrement de jus beurré
pour leur donner couleur et croustillant.

Servez chaud, à l'assiette, avec un cordon de crème pâtissière
détendue avec l'armagnac de macération des pruneaux.

La base de cette recette peut se décliner
avec d'autres garnitures :
- Grand Marnier®, zeste d'orange,
beurre, jus d'orange ;
- poires, noix, liqueur de noix ;
- pommes, raisins, calvados.

Tourtière aux pommes,
pruneaux et raisins à l'armagnac

Préparation : 30 minutes
Cuisson : 25 minutes
Pour 6 personnes

6 pommes golden
12 pruneaux
130 g de raisins de Corinthe
30 cl d'armagnac
200 g de sucre
150 g de beurre
8 feuilles de pâte filo

Ustensile :
6 petits moules
ou un grand moule à tarte

Préchauffez le four à 200 °C (th. 6-7).

Épluchez les pommes et coupez-les en gros dés.
Coupez grossièrement les pruneaux, puis mettez-les à tremper
dans l'armagnac. Mettez les raisins à gonfler dans de l'eau chaude.

Dans une poêle, faites caraméliser 100 g de sucre et 50 g
de beurre. Faites revenir les pommes dans ce caramel sur feu doux
pendant 10 minutes. Réservez l'équivalent de 6 pruneaux
pour la présentation, puis versez sur les pommes dorées
les morceaux de pruneaux égouttés restants et les raisins.
Déglacez la poêle avec l'armagnac de macération.
Mettez les fruits dans une passoire et laissez-les refroidir.

Mélangez 100 g de beurre fondu et le sucre restant, puis, à l'aide
d'un pinceau, enduisez de ce mélange les feuilles de pâte filo.
Avec un emporte-pièce, découpez 18 ronds de pâte au diamètre
des moules à tartes.
Superposez-en 3 dans chaque moule et recouvrez-les du mélange
de fruits caramélisés réservés.
Découpez les feuilles de filo restantes en lanières et froissez-les
de façon à former une sorte de fleur. Recouvrez-en chaque tarte.
Enfournez pour 10 à 15 minutes.

Arrosez d'armagnac à la sortie du four. Servez tiède.

Vous pouvez servir cette tourtière
accompagnée d'une crème anglaise
à l'armagnac ou d'une boule de sorbet
à la pomme verte.

À Moissac, qui de l'abbaye Saint-Pierre ou du chasselas est le plus connu ? Les deux sont exceptionnels, même si la belle grappe dorée a su séduire Christian Constant qui est parrain de l'AOC Chasselas de Moissac.

Index des produits du Sud-Ouest

La cuisine, c'est un peu de sérieux et beaucoup de convivialité. Autour de Christian Constant, de nombreuses personnes ont participé à l'élaboration de ce livre, notamment Françoise Fel et le chef Philippe Cadeau, mais aussi des amis et des membres de la famille : Jean-Pierre Cachau, Gérard David, Patrick Albert, Pierre Horeau, Robert Rossi (sur les photos ci-contre) et tous les autres !

.LE CASSOULET

TOULOUSE

LE CAPITOLE TOULOUSE

Index des recettes

Remerciements

À Françoise Fel, alias Zouzou, qui a minutieusement vérifié et rédigé les recettes et à tous ceux qui sont venus jouer les « figurants » pour les photos à Saint-Etienne-de-Tulmont.

Au chef Philippe Cadeau qui a patiemment réalisé les recettes de ce livre pour les photographies.

À Jean-Pierre Cachau qui a apporté beaucoup de bonne humeur dans cette aventure.

À Sylvain Marconnet, Jérôme Thion et Arnaud Heguy du Biarritz Olympique pour leur participation spontanée et amicale. Merci également à la cidrerie Ttipia à Bayonne pour leur accueil.

À toutes les personnes, artisans, producteurs, etc., qui ont accueilli Christian Constant et l'équipe du livre et qui ont ainsi permis de réaliser de magnifiques reportages photographiques. Retenez bien leurs noms :

Les tomates du Marmandais
ÉLODIE CHAUVEL
Ferme des Tuileries
47260 Fongrave
Tél. : 05 53 01 33 91
ou 06 45 71 49 63
www.ferme-tuileries.com

La truffe
PIERRE-JEAN ET BABE PEBEYRE
Maison Pebeyre
66, rue Frédéric Suisse
46000 Cahors
Tél. : 05 65 22 24 80
www.pebeyre.com

Le jambon de Bayonne et Ibaïona
ÉRIC OSPITAL
Maison Louis Ospital
47, rue Jean Lissar
64240 Hasparren
Tél : 05 59 29 64 41
www.louis-ospital.com

Les huîtres du bassin d'Arcachon
JOËL DUPUCH
Les Parcs de l'impératrice
33950 Lège Cap-Ferret
Tél. : 06.50.74.51.51
ou 05.56.60.48.81
www.parcsdelimperatrice.fr

Le saumon de l'Adour
JACQUES BARTHOUIL
Maison Barthouil
378, Route de Hastingues
40300 Peyrehorade
Tél. : 05 58 73 00 78
www.barthouil.fr

CHRISTIAN BETBEDER, pêcheur sur l'Adour, dans les Landes

La saucisse de Toulouse
GÉRARD GARCIA
Maison Garcia
Marché Victor-Hugo à Toulouse
et 6, avenue de Fontréal
31621 Castelnau d'Estrefonds
Tél. : 05 61 74 77 46
www.maison-garcia.fr

La volaille des Landes
EVELYNE DUBLANC
700, Chemin de Chiouleben
40140 Magescq
Tél. : 05 58 47 77 88

L'agneau des Pyrénées
PASCAL ELHUYAR, éleveur à Briscous, près d'Hasparren, au Pays basque.

Le bœuf de Chalosse
CATHY ET SIMONE AIMÉ
Boucherie Aimé
3, avenue de la République
40100 Dax
Tél. : 05 58 74 24 37
www.maisonaime.com

GUY PEDELUCQ, éleveur de bœuf
de Chalosse dans les Landes

Le veau du Ségala
PIERRE BASTIDE, éleveur à Rieupeyroux
dans l'Aveyron

La violette de Toulouse
CANDIFLOR
12, impasse Descouloubre
31200 Toulouse
Tél. : 05 34 25 12 25
www.candiflor.fr

Le cachou
M. SERRE
Cachou Lajaunie (Cadbury)
18, avenue Larrieu-Thibaud
31100 Toulouse
Tél. : 05 61 43 61 70

Le pruneau d'Agen
MUSÉE DU PRUNEAU
Domaine du Gabach
47320 Granges-sur-Lot
Tél. : 05 53 84 00 69
www.musee-du-pruneau.com

Le vin d'Irouléguy et eaux-de-vie
MARTINE ET JEAN BRANA
Domaine Brana
3 bis, avenue du Jaï-Alaï
64220 Saint-Jean-Pied-de-Port
www.brana.fr

Pour le stylisme, Manuella Chantepie et les éditions Michel Lafon remercient :

Staub
www.staub.fr
Tél. : 03 89 27 77 77
www.zwilling.com
12 bd de la Madeleine
75009 Paris
Tél. : 01 42 68 88 00

Jars
www.jarsceramistes.com
Tél. : 04 75 31 68 37

Couteaux Thiers
www.espritdethiers.fr

Avec le soutien de la région Midi-Pyrénées

RÉGION
MIDI-PYRÉNÉES

Le Bibent
5 place du Capitole
31000 TOULOUSE
Tél. : 05 34 30 18 37

Le Violon d'Ingres
135, rue Saint-Dominique
75007 Paris
Tél. : 01 45 55 15 05

Les Cocottes
135, rue Saint-Dominique
75007 Paris

Café Constant
139, rue Saint-Dominique
75007 Paris

www.maisonconstant.com

Photographies
Jean-Daniel Sudres
www.voyage-gourmand.com
(sauf p. 185 : © Xavier Reiniche)

Stylisme
Manuella Chantepie

Rédaction et réalisation des recettes
Françoise Fel
Philippe Cadeau

Textes sur les produits du Sud-Ouest
Thibaut Danancher

Conception et réalisation
Mathieu Thauvin

Direction éditoriale
Marie Dreyfuss
assistée de Maud Zinger

Fabrication
Christian Toanen
Nikola Savic

Photogravure
Turquoise

© Éditions Michel Lafon, 2012
7-13, boulevard Paul-Émile-Victor — Île de la Jatte
92521 Neuilly-sur-Seine Cedex
www.michel-lafon.com

Achevé d'imprimer en Espagne par JCG

Dépôt légal : octobre 2012
ISBN 13 : 978-2-7499-1705-4
LAF 1597